CATARATA

Deusto
Centro de Ética Aplicada
Etika Aplikatuko Zentroa

IDOIA QUINTANA DOMÍNGUEZ

Profesora e investigadora del Centro de Ética Aplicada de la Universidad de Deusto. Se doctoró en Filosofía en 2013 por la Universidad Complutense de Madrid y la Universidad Católica de Lovaina. Ha realizado estancias posdoctorales en diversas universidades internacionales, entre ellas la Universidad de California en Riverside, la Universidad de Buenos Aires y la Universidad de París X Nanterre. Su campo de especialización es la filosofía política, la estética y la ética, especialmente desde las contribuciones del pensamiento contemporáneo continental. En 2021 inició el proyecto A Forgiveness-based Approach: An Analysis of Forgiveness and its Uses in the Basque Conflict, financiado por la Comisión Europea en el marco de una beca Marie Skłodowska-Curie, en el que desarrolló un análisis crítico de la noción de perdón y de sus usos en el conflicto vasco desde un enfoque deconstructivo. Actualmente orienta su investigación filosófica al estudio de los usos contemporáneos del perdón y el testimonio en sus dimensiones jurídica, política y social.

ÁNGELA BERMÚDEZ VÉLEZ

Investigadora principal del Centro de Ética Aplicada de la Universidad de Deusto. Dirige la línea de investigación sobre Conflictos y Culturas de Paz y la Comunidad de Aprendizaje sobre Memoria, Educación Histórica y Construcción de Paz en Euskadi. Su propia investigación indaga sobre cómo la educación histórica formal e informal promueve o impide una comprensión crítica de la violencia política y la construcción de paz. Se doctoró en Educación en la Universidad de Harvard en 2008, donde estudió la participación de los jóvenes en la discusión de controversias sociales y políticas. Antes, trabajó en Colombia, de donde es originaria, diseñando currículos y recursos didácticos, formando a maestros, enseñando a jóvenes e investigando en torno a la educación histórica, democrática y ética. Ha sido consultora del Ministerio de Educación Nacional de Colombia, la Secretaría de Educación de Bogotá, la Organización de los Estados Americanos (OEA), la Organización de Estados Iberoamericanos (OEI) y el Instituto para el Fomento de la Educación Superior (ICFES). Ha sido docente, entre otras, en la Universidad de Deusto (Bilbao), Northeastern University (Boston), Harvard University (Cambridge), Universidad Javeriana (Bogotá) y la Facultad Latinoamericana de Ciencias Sociales (FLACSO, Buenos Aires).

Research ID: Web of Knowledge: H-1290-2011/ orcid.org/0000-0002-5269-6420.

Idoia Quintana Domínguez y Ángela Bermúdez Vélez

¿Perdonar lo imperdonable? Luces y sombras en el conflicto vasco

Izaskun Sáez de la Fuente y Ángela Bermúdez
(editoras de la colección)

COLECCIÓN MEMORIA E HISTORIA DEL CONFLICTO
Y LA VIOLENCIA EN EUSKADI

ESTA COLECCIÓN SE PRODUCE CON EL APOYO DE UN CONVENIO ENTRE EL GOBIERNO VASCO Y LA UNIVERSIDAD DE DEUSTO PARA EL DESARROLLO DEL PLAN DE CONVIVENCIA, DERECHOS HUMANOS Y DIVERSIDAD (2021-2024).

LA INVESTIGACIÓN REALIZADA PARA ELABORAR ESTE TRABAJO HA RECIBIDO FINANCIACIÓN DEL PROGRAMA DE INVESTIGACIÓN E INNOVACIÓN HORIZONTE 2020 DE LA UNIÓN EUROPEA, EN EL MARCO DEL ACUERDO DE SUBVENCIÓN MARIE SKLODOWSKA-CURIE Nº 894400.

ZURBANO, 76
28010 MADRID
TEL. 91 532 20 77
WWW.CATARATA.ORG

¿PERDONAR LO IMPERDONABLE? LUCES Y SOMBRAS
EN EL CONFLICTO VASCO

ISBN: 978-84-1067-565-0
DEPÓSITO LEGAL: M-8.121-2026
THEMA: QRAB7/JKVV

IMPRESO POR ARTES GRÁFICAS COYVE

ÍNDICE

SOBRE LA COLECCIÓN

SOBRE LA COLECCIÓN

Una década después del alto el fuego definitivo de Euskadi Ta Askatasuna (ETA), las personas jóvenes en Euskadi —la primera generación que no ha sufrido en carne propia la violencia— manifiestan tener pocos espacios seguros en los que preguntar, conversar y discutir sobre el tema.

La presente colección editorial busca promover en las nuevas generaciones una comprensión crítica de la historia de conflicto y violencia vivida en Euskadi en las últimas décadas. Está dirigida, principalmente, a las personas jóvenes, a los ciudadanos y ciudadanas de a pie que se interesan por estas cuestiones, pero también al profesorado en ejercicio o en formación y a las personas que, desde distintas organizaciones públicas y privadas, quieren fomentar el respeto de los derechos humanos y el cultivo de la paz y de la convivencia.

Este es un proyecto de la Comunidad de Aprendizaje sobre Memoria, Educación Histórica y Construcción de Paz en Euskadi, una iniciativa del Centro de Ética Aplicada de la Universidad de Deusto que, desde sus inicios en 2018, ofrece un espacio de diálogo y reflexión interdisciplinar e intergeneracional sobre el pasado violento de Euskadi. En su primera fase de trabajo (2019-2021), la Comunidad se dedicó a explorar, con jóvenes de distintos perfiles ideológicos, las preguntas y reflexiones que ellas y ellos se hacen acerca de la violencia de motivación política vivida. De manera recurrente manifestaron que les surgen preguntas que no tienen dónde plantear y que se hacen reflexiones que no pueden contrastar con otras personas. Sienten el peso de un "silencio heredado y autoimpuesto" en la familia, las cuadrillas, la escuela y la comunidad.

A la persistencia de este silencio ha contribuido la idea de que, para promover la paz y la convivencia, lo mejor es pasar página, olvidarse del pasado y mirar solo hacia el futuro. Pero no se puede construir el futuro de espaldas al pasado. Por ello, en su actual fase de trabajo, la Comunidad de Aprendizaje ha reunido a un grupo de historiadores expertos en la temática, filósofos y científicos sociales expertos en el análisis ético de la violencia y pedagogos expertos en educación histórica, para colaborar en la producción de esta colección.

Cada uno de los libros de la colección profundizará en una cuestión histórica o ética que hemos identificado como especialmente relevante para interrogar críticamente los relatos que las personas jóvenes tienen sobre la historia del conflicto vasco y de la violencia. Se trata de una estrategia pedagógica narrativa que, siguiendo la senda de Penélope, propone destejer con cuidado y volver a tejer con conciencia la memoria social de un pasado sangrante y doloroso. En ella, la visibilización y la exploración crítica de los mitos, los sesgos y las sobresimplificaciones que sirven para justificar la violencia marcan el punto de partida de una doble dinámica de *historización de la memoria* y de *memorialización de la historia*. Con ella se busca mejorar la comprensión que las personas tienen de la complejidad de los fenómenos históricos, encarnar el pasado en la experiencia de las víctimas y, así, activar el potencial de la historia para desnormalizar y deslegitimar la violencia.

INTRODUCCIÓN

En los últimos tiempos, el perdón ha ido ganando presencia en el espacio público hasta llegar a consolidarse como un elemento importante de nuestra cultura moral y política. Diversos estudios han mostrado que desde finales de los años ochenta las peticiones públicas de perdón realizadas por representantes políticos sobre injusticias y violaciones de derechos humanos han aumentado exponencialmente en todo el mundo (Zoodsma y Schaafsma, 2021). Desde mediados del siglo pasado, los ámbitos en los que se apela al perdón también se han multiplicado (comisiones de la verdad, encuentros restaurativos, declaraciones institucionales, gestos simbólicos, etc.). En estos contextos, el perdón ha dejado de ser únicamente un acto privado entre individuos para convertirse en una fórmula pública, política, jurídica y simbólica para abordar heridas del pasado, promover el reconocimiento del sufrimiento injusto infligido a las víctimas o abrir caminos hacia la convivencia en sociedades marcadas por la violencia. Esta reconfiguración del perdón constituye una de las mutaciones culturales más significativas de finales del siglo XX y comienzos del XXI. Según De Warren (2014: 421), "el perdón no es un concepto moral entre otros, sino la respuesta moral de nuestro tiempo".

El perdón es una cuestión muy compleja y controvertida por la ambigüedad de su significado, por la variabilidad de su comprensión y de su uso en distintos contextos, por las dificultades de su aplicación y, en concreto, por los retos que plantea a las víctimas, a los victimarios y a la comunidad. Pero el hecho de que esta práctica se haya vuelto tan frecuente y relevante en nuestras sociedades y que, además, haya dado ese salto de la esfera privada a la gestión pública de los conflictos, acentúa la necesidad de plantear preguntas que todavía no tienen una respuesta clara: ¿en qué situaciones tiene sentido invocarlo? ¿Hasta qué punto puede ser instrumentalizado como un mecanismo para cerrar heridas de forma apresurada y evitar otros procesos más complejos? ¿El uso masivo e institucional del perdón está conduciendo a su trivialización? ¿Cómo se relaciona con procesos como la reparación, la memoria, la reconciliación o la deslegitimación de la violencia?

En la sociedad vasca circulan diversas creencias o ideas que simplifican la complejidad del perdón y dificultan sus posibles contribuciones a los procesos de reconocimiento y de reparación de las víctimas y a la reconstrucción de la convivencia. En este libro tratamos de interrogar críticamente algunas de ellas. Por ejemplo, determinadas personas están convencidas de que las víctimas deben perdonar por responsabilidad cívica y, por ello, critican con dureza a aquellas que se resisten a hacerlo. Otras descalifican el perdón al considerar que es sinónimo de traición a las causas ideológicas y políticas con las que se justificaba la violencia. También hay quienes reducen el perdón a su acepción religiosa, perdiendo de vista las transformaciones que experimenta con la modernidad. Mientras que algunos sectores sociales y políticos lo plantean como la solución indispensable y definitiva a los conflictos, otros aseguran que el perdón revictimiza a las víctimas u obliga a pasar página de manera apresurada. Según como se entienda y se gestione, el perdón puede ser fundamental para la deslegitimación de la violencia y la reconstrucción de la convivencia o resultar contraproducente y conseguir justo lo contrario. El título del libro pretende reflejar esta complejidad y ambivalencia. De ahí que recoja la paradoja que señaló el filósofo Jacques Derrida al afirmar que el perdón solo adquiere auténtico sentido cuando se dirige a "perdonar lo imperdonable".

Aunque este libro se centra en el papel del perdón en el conflicto vasco, previamente realiza un recorrido conceptual que permite precisar qué entendemos por perdón. Comienza con una breve caracterización de este término, estableciendo una distinción entre el perdón y las disculpas. Luego revisa la historia de la noción de perdón, atendiendo a su origen y a las principales transformaciones que ha experimentado. Por último, analiza críticamente otras características, condiciones y finalidades que habitualmente se le atribuyen. Tras este recorrido, con una visión más clara y fundamentada de lo que hoy se entiende por perdón, abordamos su reciente papel en procesos sociopolíticos complejos y, en particular, en el conflicto vasco.

ACTIVIDAD 1

- ¿Qué significa para ti el perdón?
- ¿Crees que se puede y se debe perdonar todo?
- ¿Se puede aplicar el perdón a delitos de terrorismo? ¿Quién crees que lo debe otorgar (la víctima, la familia, el Estado)? ¿Por qué? ¿A quién crees que beneficia y perjudica y de qué manera?

1. ACERCAMIENTO CONCEPTUAL AL PERDÓN

MÁS ALLÁ DE LAS DISCULPAS: EL PERDÓN ANTE LO IMPERDONABLE

DIFERENCIAS ENTRE PERDÓN Y DISCULPA

En el día a día se recurre con frecuencia al perdón, casi siempre usándolo de forma ligera y prácticamente automática. Pedimos perdón, por ejemplo, cuando interrumpimos a alguien sin querer, cuando llegamos tarde a una cita o cuando cometemos errores menores que afectan puntualmente a otras personas. En estos casos, al pedir perdón y al concederlo, el incidente se da por zanjado. Expresiones como "no pasa nada", "no te preocupes" u "olvídalo" permiten volver rápidamente a la normalidad. Sin embargo, el perdón no se limita a estos gestos rutinarios y sencillos. También aparece en contextos más complejos, en los que se trata de responder a agravios graves que suscitan demandas distintas de las que acompañan a las ofensas menores.

Aunque la distinción entre el perdón cotidiano y ligero y el perdón ante ofensas graves no siempre es evidente, diversos estudiosos coinciden en que el término *perdón*, al menos en su acepción más profunda y exigente, debería reservarse para nombrar una forma de respuesta ante un daño que no puede repararse mediante compensación alguna, un daño injusto del que se responsabiliza a otra persona (Jankélévitch, 1999; Murphy y Hampton, 1988; Griswold, 2007; Derrida, 2019). Esto quiere decir que el perdón no es simplemente un mecanismo para restaurar la cordialidad, sino una posible respuesta a un daño que ha fracturado la relación, con implicaciones profundas que exigen formas específicas de tratarlo. Las disculpas rutinarias, por el contrario, pertenecerían más bien al ámbito de las excusas o los malentendidos, es decir, a situaciones que no alteran sustancialmente el vínculo entre las partes y que pueden zanjarse con fórmulas que parecen borrar el agravio sin requerir más procesos (Broncano, 2025).

Así pues, no es únicamente la magnitud del daño lo que distingue aquello que puede motivar el perdón de lo que corresponde a las disculpas, sino también la atribución de una intencionalidad en la comisión del daño y la experiencia de injusticia por parte de la víctima o de la sociedad. Cuando hablamos de injusticia se señala una transgresión que vulnera los vínculos sociales y las normas que los sostienen, tanto con quien ha cometido el agravio como, en ocasiones, con un marco social más amplio que lo ha permitido o avalado. Ante este tipo de fracturas, no basta con apelar a un acto involuntario o a circunstancias que vuelvan comprensible lo ocurrido. Las disculpas pueden llegar a resultar pertinentes cuando el daño puede enmarcarse en factores atenuantes —una acción no intencional, un error razonable, una situación extrema— que permiten entenderlo. El perdón, en cambio, se plantea —si es que llega a plantearse— precisamente cuando esa vía explicativa se agota. Así lo señalaba Vladimir Jankélévitch (1999) cuando sostenía que el perdón solo puede empezar ahí donde acaba lo excusable y lo comprensible. La comprensión desplaza la falta al terreno de lo explicable y, por tanto, neutraliza la radicalidad del acto de perdonar, que consiste precisamente en acoger lo que no tiene justificación posible.

ACTIVIDAD 2

- ¿Cómo entiendes la diferencia entre disculpas y perdón?
- Piensa en situaciones de tu vida cotidiana en las que hayas pedido o te hayan pedido perdón cuando en realidad se trataba solamente de disculparse.
- ¿Te has enfrentado a situaciones en las que hayas tenido que pedir perdón o perdonar algo que era imperdonable?
- ¿Cómo explicarías la paradoja de "perdonar lo imperdonable"?

EL PERDÓN EN CONTEXTOS POLÍTICOS

La concepción del perdón como respuesta a un daño profundo e injusto cobró especial relevancia política e intelectual en contextos atravesados por formas extremas de violencia y vulneración de derechos. En respuesta a las grandes catástrofes del siglo XX —y de manera singular tras el proyecto de exterminio nazi—, se empiezan a plantear en el debate público numerosas cuestiones sobre el perdón, sus posibilidades y sus límites. En aquel momento, la necesidad de redefinir los marcos morales, jurídicos y políticos planteó una pregunta: ¿existen crímenes que desbordan todo marco de reparación y toda posibilidad de reconciliación como aquellos que precisamente en ese momento comienzan a calificarse de "lesa humanidad"?[1] ¿Es posible considerar el perdón como una opción ante un daño tan extremo o, por el contrario, hay un límite a lo perdonable?

No fue tanto el perdón como lo imperdonable lo que se impuso como problema central. Muchos de quienes habían otorgado al perdón un lugar crucial en su pensamiento (por ejemplo, Jankélévitch o Hannah Arendt) reconocieron la existencia de un límite a las posibilidades humanas de perdonar. Más tarde, filósofos como

1. Los juicios de Núremberg (1947) pusieron nombre a los delitos vinculados a crímenes contra la humanidad, que aparecen expresamente en los escritos de la acusación y por los que fueron condenados varios de los procesados. En palabras del jurista Hersch Lauterpacht (1943), "el ser humano individual es la unidad última de todo el derecho", lo que supone una concepción del derecho que desplazaba el foco del Estado al individuo, rompiendo con la idea clásica del derecho internacional como un derecho entre Estados.

Jacques Derrida (2019, 2020) propondrán un giro conceptual decisivo: el perdón, si ha de tener sentido, no puede dirigirse a lo que ya consideramos perdonable, comprensible o reparable. Para él, solo hay perdón en respuesta a un daño que se experimenta como verdaderamente imperdonable; de otro modo, no habría perdón sino una forma de transacción basada en compensaciones, explicaciones o reparaciones que alivian aquello que se perdona. Esto remite a la distinción entre perdón y disculpas planteada anteriormente.

Así pues, en ese periodo crítico, a la vez que se intensificaba la lógica punitiva y se incorporaban figuras jurídicas como la imprescriptibilidad de ciertos delitos (esto es, la imposibilidad legal de que un delito deje de poder perseguirse con el paso del tiempo), comenzó a discutirse si el perdón podía ser una vía posible y socialmente deseable. La cuestión no se limitaba a los perdones individuales entre víctimas y victimarios; también implicaba valorar si las instituciones debían crear espacios o mecanismos que promovieran o acogieran el perdón dentro de una lógica orientada a la convivencia y la reconciliación, en contraposición a dinámicas centradas en la venganza o el castigo. En ese cruce se abrió un debate aún vigente: si el perdón puede considerarse no como una renuncia a la justicia frente a crímenes atroces, sino como una de las formas de posibilitarla o, al menos, de acercarse a formas más justas de hacer justicia.

Así, el perdón ha pasado a entenderse como un recurso que, si bien en ocasiones ha sido percibido como sospechosamente fácil, mecánico o incluso exculpatorio, también ha sido valorado por su potencial para abrir espacios de reconocimiento del daño, de reconstrucción del vínculo social y de articulación de narrativas alternativas a la pura lógica punitiva, adquiriendo especial relevancia en contextos de transiciones políticas, al final de guerras civiles y en procesos orientados a afrontar la injusticia y los traumas generados por la violencia. En estos escenarios se debate el papel y los límites del perdón al plantear cómo enfrentar las heridas profundas que estos procesos dejan en las víctimas y en el tejido social en su conjunto.

TRANSFORMACIONES HISTÓRICAS DEL PERDÓN

A menudo se da por supuesto que el perdón es una práctica humana espontánea, arraigada en una naturaleza compasiva que se opondría a unas tendencias vengativas. Esta imagen naturalizada —que presenta el perdón como si fuera un gesto universal, constante y ahistórico— está profundamente asentada tanto en el imaginario social como en ciertos discursos filosóficos y religiosos contemporáneos. Sin embargo, un examen de la historia del pensamiento y de las prácticas sociales permite desmontar esa aparente evidencia natural, ya que muestra que el perdón no responde a una esencia humana inmutable ni a un núcleo moral que habría permanecido intacto a través de los siglos. Por el contrario, el perdón ha adoptado formas y funciones muy distintas según los marcos culturales, religiosos y jurídicos.

Esta perspectiva histórica también ayuda a cuestionar la idea de que todas las sociedades entienden el perdón del mismo modo, pues, aunque en diferentes culturas y tradiciones pueden encontrarse prácticas afines al modelo judeocristiano que aquí presentamos, no todas comparten las mismas nociones sobre el agravio y su resolución. Por ejemplo, diferentes sociedades otorgan distinto papel a la vergüenza, a la culpa, al honor, a la responsabilidad individual o colectiva y al sentimiento comunitario (De Groot *et al.*, 2021). Estas diferencias condicionan las maneras de definir qué significa perdonar, quién puede hacerlo y en qué circunstancias. Pese a esta diversidad, el modelo occidental de la tradición judeocristiana —centrado en el arrepentimiento, la transformación interior y la restauración del vínculo moral entre ofensor y ofendido— se ha extendido mundialmente, llegando incluso a institucionalizarse en contextos muy distintos y a convertirse en referencia predominante en los ámbitos sociales, políticos y jurídicos contemporáneos.

La distancia entre el perdón moderno y el perdón en la antigüedad se hace evidente al observar cómo se trataban los agravios en las culturas clásicas (Aubriot, 1987; Allen, 2000; Konstan, 2010). En el periodo grecorromano, aunque se practicaban actos como moderar la ira, renunciar a la venganza o dejar de lado los agravios, estos no eran equivalentes al perdón moderno, porque no se reconocía el daño causado ni se buscaba restablecer la relación desde una perspectiva moral. Más que implicar reconciliación o un cambio interior, estos actos respondían a la defensa del honor, al restablecimiento del orden social o a formas de evitar represalias. Además, en las culturas antiguas, la renuncia a la venganza tras una ofensa dependía a menudo de que se restaurara la dignidad del ofendido bajo ciertas condiciones. Una de ellas era la presunción de que la falta no había sido intencional, lo que permitía al ofensor justificar su acción atribuyéndola a factores fuera de su control. Otra vía consistía en reparar el daño mediante algún tipo de compensación considerada equivalente a la ofensa, cerrando así la disputa mediante un intercambio. También era posible manejarlo en la esfera pública mediante la exigencia de olvido, como ocurrió tras la guerra civil que dividió a Atenas en el 404 a. C., cuando los líderes democráticos proclamaron una amnistía general y decretaron un juramento de "no recordar los males del pasado" para evitar el revanchismo y mantener la cohesión interna, un episodio que resulta a la vez extraño y cercano a ciertas políticas contemporáneas de perdón y olvido con fines de reconciliación nacional (Loraux, 2008).

Con la irrupción de la tradición abrahámica —que abarca las tres grandes religiones del libro: judaísmo, cristianismo e islam—, el perdón adquirió un nuevo perfil teológico que ha influido decisivamente en la comprensión del perdón en la actualidad. En el cristianismo, especialmente, el perdón alcanzó un lugar central como expresión de la reconciliación de los individuos con Dios a través de la gracia: un don gratuito, incondicional e inmerecido capaz de restaurar la relación entre lo humano y lo divino (Murphy y Hampton, 1988; Murphy, 2003). Esta gratuidad del perdón se ilustra en la parábola del hijo pródigo en la que un padre acoge a su hijo con los brazos abiertos antes incluso de que este haya podido justificarse o reparar su falta (Lucas 15:11-32). No obstante, esta concepción del perdón en términos de gracia no excluyó que los teólogos cristianos escribieran extensamente sobre la humildad, el arrepentimiento, la confesión y la penitencia, definiendo estos elementos como condiciones para que el perdón pueda ser otorgado o merecido.

En definitiva, en este temprano perdón teológico la atención se dirige ante todo a la remisión y anulación del pecado por parte de Dios más que al proceso humano interpersonal de superación del resentimiento a través del reconocimiento de la reforma moral del infractor. Sin embargo, existe una continuidad con las formas modernas que ha adoptado el perdón, especialmente por la importancia concedida a las muestras de arrepentimiento, a la transformación interior (de corazón) o a las prácticas de confesión (Foucault, 2014, 2018).

De este modo, ni las fuentes clásicas ni los textos bíblicos ni los primeros escritos cristianos ni siquiera el pensamiento filosófico y teológico medieval formularon un concepto de perdón semejante al que actualmente manejamos (Konstan, 2010). Aun así, es en ese amplio trasfondo donde la concepción moderna de perdón empieza a tomar forma. Con el tiempo, entre los siglos XVIII, XIX y XX, el perdón se consolidará como una práctica moral centrada en la autonomía del individuo, en su capacidad de asumir responsabilidades y reparar relaciones dañadas.

CARACTERÍSTICAS DEL PERDÓN EN LA ACTUALIDAD

Hemos empezado definiendo el perdón como una posible respuesta a un daño injusto que rompe el tejido de las relaciones sociales y por el cual se atribuye responsabilidad a otra persona. Ahora explicaremos algunas características adicionales que permiten diferenciarlo de otras formas de reacción al daño.

TRANSFORMACIÓN DE LOS SUJETOS Y DEL VÍNCULO DAÑADO

El perdón interpersonal puede entenderse como una acción que implica una transformación tanto de los sujetos implicados como del vínculo dañado entre ellos. Para la persona ofendida, perdonar suele implicar dejar de lado sentimientos como el resentimiento y la ira, lo que a menudo se entiende como un proceso de liberación emocional con efecto sanador. Además, conlleva renunciar a los deseos de venganza, aunque no necesariamente al castigo legal o penal. En muchos casos, el perdón se vincula al reconocimiento de un cambio sincero por parte de quien causó el daño; sin embargo, también puede otorgarse incluso sin que haya mediado una petición expresa. No obstante, algunas personas no quieren perdonar, porque consideran que la acción fue demasiado grave o deliberada, o porque perciben que hacerlo podría, de algún modo, justificar el comportamiento. Otras, simplemente, no pueden perdonar, por ejemplo, cuando no son las únicas afectadas, cuando hacerlo implicaría asumir responsabilidades que no les corresponden o cuando sienten que perdonar significaría eximir de culpa al ofensor. Desde la perspectiva de este último, pedir perdón también puede implicar una transformación que se manifiesta en diversas dimensiones, desde la cognitiva hasta la moral. Se espera que quien pide perdón reconozca el daño real que ha causado y asuma su responsabilidad; igualmente, se espera que adopte actitudes como el arrepentimiento y el rechazo de la conducta dañina, lo que indica que ha tenido lugar un cambio interno. Pedir perdón implica además expresarlo, lo que no solo requiere verbalizarlo, sino, en ocasiones, hacer un reconocimiento visible —y a veces incluso público— del daño infligido, de su condena y de la intención de repararlo.

Además de esta transformación individual de las partes implicadas, el perdón se asocia a una transformación del vínculo entre ellas, ya sea restableciéndolo o, al menos, abriendo un horizonte donde el daño pasado no determine de manera definitiva la relación futura.

EL PERDÓN COMO UN PROTOCOLO DE INTERCAMBIO CONDICIONADO

A partir de esta concepción del perdón como un proceso moral orientado a la reconstrucción de la relación han surgido diversas interpretaciones acerca de su significado, su funcionamiento y, especialmente, su finalidad. Muchas de estas coinciden en adoptar un enfoque normativo que formula un protocolo cerrado y prescriptivo con las condiciones que se consideran esenciales para que el perdón pueda ser reconocido como válido y, así, facilitar su concesión. La propuesta del filósofo Charles Griswold (2007) encaja en este marco. Siguiendo su formulación, quien pide perdón debe:

1. reconocer que es el agente responsable;
2. repudiar sus acciones y a sí mismo como autor;
3. expresar arrepentimiento ante la persona afectada por haberle causado ese daño;
4. comprometerse con convertirse en el tipo de persona que no inflige daños, mostrándolo tanto con sus palabras como con sus actos;
5. mostrar que entiende, desde la perspectiva de la persona lastimada, el daño ocasionado;
6. ofrecer una explicación sobre cómo llegó a cometer la injusticia, cómo esta no expresa la totalidad de su persona y cómo se está volviendo digna de aprobación.

Por tanto, desde estas claves, suele plantearse que el camino hacia el perdón se recorre cubriendo etapas sucesivas. A su vez, se tiende a anticipar los fines que el perdón debería alcanzar, de modo que cualquier fórmula que no culmine en objetivos como la reconciliación, la redención espiritual o, en ámbitos más amplios, la reconstrucción social o la unidad nacional, es considerada incompleta o imperfecta. Además, estas formas de definirlo suelen aparejar, a menudo de manera implícita y contradictoria, una lógica punitiva: el perdón se convierte en una herramienta mediante la cual se castiga al infractor, a quien se le exige demostrar arrepentimiento y voluntad de reparación y transformación antes de que el perdón pueda concederse. De este modo, deja de ser un acto gratuito y se convierte en una mera transacción.

Frente a esta tendencia a normativizar rígidamente el perdón, diversas voces críticas han advertido que, al intentar determinarlo en exceso y convertirlo en un mero mecanismo correctivo orientado al buen funcionamiento social y político, se corre el riesgo de desactivar justamente aquello que lo hace éticamente significativo y valioso para las relaciones.

EL PERDÓN INCIERTO E INVERIFICABLE: MÁS ALLÁ DEL INTERCAMBIO CONDICIONADO

Martha Nussbaum (2018) cuestiona la visión del perdón como un simple intercambio condicionado entre la transformación del ofensor y la aceptación por parte de la víctima. Según esta autora, dicho enfoque reduce drásticamente el significado del perdón porque queda convertido en algo normativo, previsible y funcional, como si pudiera prescribirse y bastara con solicitar el perdón o decidir perdonar para resolver toda su complejidad ética. Advierte que, si bien algunas caracterizaciones del perdón pueden resultar útiles, corren el riesgo de convertirlo en un trámite moral, es decir, en una serie de pasos que podrían cumplirse de manera casi automática. De este modo, el perdón podría llegar a normativizarse hasta el punto de concebirse como una virtud exigible a las víctimas o incluso como una responsabilidad cívica orientada al bien común. Pero, paradójicamente, al asumir esa forma, perdería su fuerza ética y su dimensión disruptiva: aquello que escapa a toda lógica de cálculo, expectativa o deber, y que solo puede acontecer como un acto no condicionado, singular y profundamente incierto, no programable, predecible o esperado.

Esta misma línea crítica ya había sido reivindicada por Hannah Arendt en su obra *La condición humana* (2023), donde lo definía como una experiencia impredecible, que introduce lo inesperado en el mundo de la acción, pues no responde a una lógica de causa y efecto ni deriva de ninguna obligación moral o jurídica. A diferencia de la justicia legal, según la cual a cada falta le corresponde una reparación y a cada crimen un castigo proporcional, el perdón aparece como un gesto que no puede exigirse ni garantizarse. Su sentido más profundo reside precisamente en que no se puede dar por hecho. Con el perdón, se interrumpe la cadena de actos y consecuencias, se suspende la lógica de compensación y se abre el camino a nuevas posibilidades no determinadas por lo ocurrido. Aunque ciertas condiciones como la confesión, el arrepentimiento o la petición de perdón suelen presentarse como factores que lo favorecen, ninguno asegura que el perdón efectivamente se dé, como tampoco puede asegurarse que esos gestos de perdón sean sinceros. Su aparición escapa a las reglas de previsibilidad y control. Desde esta perspectiva, Arendt sitúa el perdón en el corazón de la acción política y del espacio común: un espacio donde, incluso frente a la irreversibilidad de los hechos, aún puede nacer algo nuevo y reiniciarse las relaciones. De este modo, al entender el perdón como un acontecimiento y no como un simple protocolo, lo separa de su uso instrumental y coercitivo y pone de relieve su potencia transformadora. Es algo que surge de manera imprevisible, que no se puede planear ni exigir, que no puede ser ni un deber ni un derecho, pero que tiene la capacidad de cambiar a las personas y a la relación dañada incluso cuando nadie pudiera esperar que eso sucediera (Arendt, 2023: 260).

Si bien puede parecer que estos matices teóricos nos alejan de una comprensión más clara y práctica del perdón, cuando nos acerquemos a los contextos concretos y a testimonios de víctimas y victimarios, veremos que esas formas de lo incierto y de lo inverificable afloran mientras que la concepción prescriptiva y reglada del perdón muestra sus límites: cuanto más se presenta como un protocolo normativo, más insatisfactorio e inadecuado resulta; cuanto más rígidamente se define su finalidad —ya sea la reconciliación, la redención o el restablecimiento del orden social—, menor es su capacidad de vincularse a la experiencia de quienes se han visto afectados por el daño; y cuanto más se insiste en su explicitud y visibilidad pública, más crecen las sospechas de instrumentalización, teatralización o falsedad.

Estas tensiones muestran que el perdón es, en realidad, un proceso difícil de encajar en marcos que buscan ordenarlo o garantizarlo, lo que lo hace especialmente vulnerable a usos estratégicos y a distintas formas de presión social. Esta resistencia del perdón a ser prescrito o estabilizado se hace particularmente evidente en contextos de daño y conflicto, donde sus posibilidades y límites aparecen con mayor claridad, planteándonos la cuestión de cómo podría insertarse en la vida política de una comunidad.

ACTIVIDAD 3

Teniendo en cuenta las transformaciones históricas en el concepto de perdón, trata de responder a las siguientes preguntas:

- ¿Qué rasgos crees que caracterizan a cada una de las concepciones y cuáles son sus principales diferencias?
- ¿Qué ideas crees que han perdurado en el tiempo y cuáles han desaparecido?
- ¿Con qué planteamientos históricos del perdón te sientes más y menos identificado/a? ¿Por qué?

2. EL PERDÓN EN LOS MARCOS INSTITUCIONALES

El perdón, tradicionalmente concebido como un acto interpersonal, adquiere en determinados contextos institucionales un papel relevante al vincularse a formas de justicia que no se limitan a sancionar al infractor, sino que buscan afrontar el daño en su dimensión individual y colectiva, facilitar transiciones políticas tras periodos de guerra, dictadura o violencia y contribuir a la reconstrucción de los vínculos sociales y de la convivencia. De este modo, el perdón se proyecta en marcos institucionales que no dependen exclusivamente de la voluntad individual de las víctimas, sino que se articulan a través de decisiones de Estado, normas jurídicas y dispositivos relacionales orientados a la gestión del daño y a la responsabilidad social.

Pueden identificarse dos grandes enfoques de la justicia que incorporan esta dimensión relacional y en los que el perdón puede aparecer de forma más o menos explícita: a) la justicia transicional, vinculada a procesos de transición política y orientada al esclarecimiento del pasado y al reconocimiento público del daño a través de herramientas como las comisiones de la verdad; y b) la justicia restaurativa, centrada en la reparación del daño y la responsabilización de los victimarios, habitualmente mediante procesos de encuentro y diálogo que complementan a la justicia punitiva.

El perdón institucional suele manifestarse de dos maneras. Por un lado, como políticas de perdón estatal —amnistías, indultos u otras medidas de clemencia o inmunidad— en las que el perdón (equivalente a supresión o reducción de penas) se concibe como un instrumento de estabilización política que facilita la transición. Por otro, mediante espacios relacionales en los que las víctimas, a diferencia de lo que suele ocurrir en la justicia convencional, tienen voz y en los que también los victimarios pueden implicarse en procesos de reconocimiento del daño y de reparación. Así ocurre, por ejemplo, en los encuentros restaurativos (herramienta propia de la justicia restaurativa) y en las comisiones de la verdad (una de las herramientas más relevantes de la justicia transicional).

En las siguientes páginas interrogaremos ambos modelos. Se discutirá si el perdón debe entenderse como un acto estrictamente interpersonal o si puede o debe ser ejercido y gestionado por las instituciones; quién estaría autorizado a perdonar o en nombre de quién, y qué implicaciones tendría su aplicación en la esfera pública. En el plano filosófico, se cuestiona la legitimidad misma del perdón institucional, en la medida en que parece usurpar una prerrogativa que correspondería exclusivamente a las víctimas. Suele sostenerse que nadie distinto de las víctimas puede perdonar el daño sufrido: "Ni el Estado, ni el pueblo, ni la Historia pueden pretender perdonar" (Lefranc, 2004: 137). En el plano jurídico, el problema se desplaza hacia el estatuto normativo del perdón, pues no encaja fácilmente ni como un derecho exigible ni como un deber jurídicamente imponible (no puede garantizarse legalmente que un victimario pida perdón ni puede exigirse a la víctima otorgarlo). Finalmente, en el plano político, el perdón institucional puede interpretarse como un vestigio del poder soberano al introducir un margen discrecional que permite al Estado establecer excepciones o renuncias a la igualdad de trato propia de la justicia legal.

MECANISMOS INSTITUCIONALES EN TIEMPOS DE TRANSICIÓN POLÍTICA

LA JUSTICIA TRANSICIONAL

En los procesos de transición política tras dictaduras o guerras civiles, especialmente en aquellos países que han sufrido graves violaciones de derechos humanos, las sociedades se enfrentan al desafío de garantizar la rendición de cuentas y reconstruir el tejido social. Los mecanismos institucionales destinados a facilitar estas transiciones han sido variados, pero en las últimas décadas los dispositivos asociados a la justicia transicional han adquirido un protagonismo creciente.

La justicia transicional se ha definido como un fenómeno antiguo que comprende "los procesos de juicios, purgas y reparaciones que tienen lugar luego de la transición de un régimen político a otro" (Elster, 2006: 15). De manera más precisa, la Organización de las Naciones Unidas (ONU) la describe como "el conjunto de procesos y mecanismos asociados con el esfuerzo de una sociedad por afrontar el legado de violaciones y abusos graves del pasado, con el fin de garantizar la rendición de cuentas, hacer justicia y promover la reconciliación" (2004). Así pues, la justicia transicional se orienta a gestionar el legado de la violencia mediante un conjunto de mecanismos destinados al esclarecimiento de la verdad, la impartición de justicia, la reparación de las víctimas y las garantías de no repetición. Entre estos mecanismos se incluyen desde los procesos judiciales hasta iniciativas simbólicas o restaurativas, ocupando las comisiones de la verdad un lugar destacado. Estas últimas son instancias temporales, creadas por Estados o por organismos internacionales, orientadas a investigar y documentar abusos cuando los sistemas judiciales ordinarios resultan insuficientes o inviables (Hayner y Aylwin Azócar, 2010).

Para profundizar en algunas de las principales comisiones de la verdad en el mundo, puedes acceder a un mapa interactivo en el siguiente enlace: https://n9.cl/6f74ko.

Con frecuencia, las políticas transicionales han recurrido a mecanismos de perdón político como las amnistías y los indultos. Se trata de formas de perdón no dependientes de las víctimas, justificadas a menudo por razones de viabilidad política o estabilidad institucional. Ahora bien, no todas las transiciones políticas han incorporado mecanismos de justicia transicional en sentido estricto ni tampoco el recurso a estas herramientas ha estado exento de controversias y debates. Algunos estudios destacan el potencial de estos mecanismos para contribuir a romper ciclos de venganza y favorecer la convivencia en sociedades profundamente fracturadas (Helmick y Petersen, 2001). Otros, sin embargo, critican que la prioridad que tiende a concederse a la negociación política o a la estabilidad institucional por encima de la verdad y la reparación de las víctimas deja graves violaciones sin sanción, consolidando la impunidad y reforzando jerarquías de poder preexistentes (Trouillot, 2000; Bentley, 2016). Por ello, el derecho internacional prohíbe su aplicación a crímenes de guerra, de lesa humanidad o a graves violaciones de derechos humanos (Amnistía Internacional, 2010). Otras perspectivas más matizadas señalan que la justicia transicional debe entenderse como un conjunto de mecanismos estratégicos situados, de los que, en el mejor de los casos, puede esperarse un equilibrio entre los objetivos de fin de la violencia, la estabilidad política y la convivencia, y las formas de justicia centradas en la verdad, la rendición de cuentas y los derechos de las víctimas (Martínez Espinosa y Morales Gómez, 2018). En todo caso, la justicia transicional no sigue un modelo único, sino que se adapta a cada contexto histórico, político y social, dependiendo tanto de los objetivos formales de los mecanismos como de las negociaciones o limitaciones de los sistemas de justicia penal. Por ello, es importante considerar la diversidad de experiencias y políticas de transición.

EXPERIENCIAS POLÍTICAS TRANSICIONALES

En las últimas décadas, las transiciones políticas y los instrumentos adoptados para gestionarlas han sido muy diversos. En Europa del Este, la transición tras la disolución de los regímenes comunistas se articuló principalmente mediante procesos judiciales y purgas administrativas. En el sur de Europa —como España, Portugal o Grecia tras sus respectivas dictaduras— se implementaron medidas de perdón político que se integraron con relativa facilidad en los relatos oficiales de la transición. En América Latina, por su parte, han sido frecuentes las comisiones de la verdad —diversas en alcance y legitimidad— junto con amnistías, indultos y otras medidas de "punto final" destinadas a cerrar procesos judiciales abiertos, limitando en muchos casos la justicia transicional y dejando graves violaciones de derechos humanos sin sanción. En casos como el de Augusto Pinochet, presidente de Chile durante una violenta dictadura entre 1973 y 1990, tribunales extranjeros han intentado aplicar el principio de jurisdicción universal[2] para juzgar crímenes de lesa humanidad, desafiando su inmunidad como exjefe de Estado.

En contraste con estas fórmulas de perdón político centradas en la estabilidad y el cierre del pasado, en los años noventa, la Comisión para la Verdad y la Reconciliación de Sudáfrica atrajo especial atención por su énfasis en el perdón y la reconciliación y por la manera en que combinó instrumentos de justicia transicional con medidas de amnistía condicionadas a la colaboración de los perpetradores (Lefranc, 2004). Su funcionamiento se articuló en torno al principio de *full disclosure* (trasparencia total), según el cual solo se concedía la amnistía a quienes ofrecieran un relato veraz, público, individual y completo de los hechos. Esta fórmula implicaba la amnistía, pero no el olvido: la falta debía ser reconocida y expuesta públicamente, sin que ello exigiera una expresión de arrepentimiento ni una solicitud explícita de perdón. El perdón político podía coincidir con el perdón de las víctimas —invitadas a participar en esas confesiones públicas—, pero no dependía de él. Una de las principales críticas a este modelo subraya la complejidad de separar las dimensiones institucional y personal del perdón, evidenciando la difícil distinción entre el perdón político-colectivo y el perdón moral-personal (Cassin, 2004; Krog, 1998).

2. Dotado de un amplio respaldo en el derecho internacional, permite garantizar el acceso de las víctimas a la justicia frente a crímenes que violan gravemente los derechos humanos (terrorismo, genocidio, lesa humanidad), especialmente cuando no encuentran amparo en sus propios países. Sin embargo, es un mecanismo que se ha visto seriamente debilitado en función de intereses políticos y económicos.

Además del caso sudafricano, en las últimas décadas se han creado más de cincuenta comisiones de la verdad en todo el mundo. Por ejemplo, en Sierra Leona, Liberia, Gambia, Timor Oriental, Nepal, las Islas Salomón, Perú, Guatemala o Colombia. La Comisión para el Esclarecimiento de la Verdad de Colombia adoptó como lema "Hay futuro si hay verdad", una formulación que remite, con un giro significativo, al "Sin perdón no hay futuro" de Desmond Tutu, presidente de la Comisión para la Verdad y la Reconciliación encargada de investigar las violaciones de derechos humanos cometidas durante el *apartheid* en Sudáfrica. Aunque el mandato de su comisión concluyó en 2021, Colombia sigue siendo uno de los países que mantiene un sistema de justicia transicional vigente, articulado en torno a la Jurisdicción Especial para la Paz, que investiga y juzga los crímenes del conflicto.

Objetivos de la Comisión de la Verdad de Colombia	
Esclarecimiento	**Reconocimiento**
Busca explicar los más graves patrones de violencia que se dieron en la guerra. La Comisión escuchará a la mayor cantidad posible de víctimas, a los testigos y a los responsables de los hechos. Los testimonios y relatos que se entreguen a ella serán contrastados con otras fuentes: archivos, documentos, bases de datos y toda la información sobre esos hechos, con el fin de llegar a explicaciones veraces y completas.	Busca reconocer los impactos del conflicto armado en las víctimas y sus resistencias, así como el reconocimiento de responsabilidades por parte de quienes participaron de manera directa o indirecta en el conflicto. Para ello, llevará a cabo Encuentros por la Verdad como actos privados y públicos de reconocimiento para contribuir a una comprensión colectiva de lo ocurrido.

Convivencia	No repetición
Busca construir espacios entre grupos y personas que han mantenido diferencias profundas, con el fin de encontrar rutas de resolución pacífica de las controversias. La Comisión contribuye a potenciar tales esfuerzos en la medida en que estos sirvan para el incremento de la confianza colectiva, el sano debate público, el pluralismo, la solidaridad, la equidad social y el buen vivir.	Busca que toda la sociedad encuentre explicaciones sobre la violencia que ha vivido en estos años y aprenda otra manera de resolver las diferencias políticas. Llegar a la verdad permitirá comprender la manera en que operó la guerra y se estará en disposición de rechazar lo ocurrido y de transitar hacia el horizonte de la no repetición.

Fuente: Elaboración propia de acuerdo a datos extraídos de https://www.comisiondelaverdad.co/.

ACTIVIDAD 4

Después de la lectura de los cuatro objetivos de la Comisión de la Verdad de Colombia, ¿cómo entiendes el significado de cada uno de ellos?, ¿cómo se relacionan entre sí?

La propia Comisión ha elaborado unos vídeos sobre los llamados Encuentros por la Verdad que recogen los testimonios de distintos actores que participaron en este conflicto armado (Fuerzas de Seguridad del Estado, paramilitares, guerrilleros, empresarios colaboradores, servidores públicos, etc.) donde reconocen su participación y responsabilidad en distintos actos violentos (desapariciones forzadas, asesinatos, secuestros, violencia sexual, corrupción, etc.). Tras su visionado:

- Identifica de qué manera estos testimonios contribuyen a conseguir los objetivos de esclarecimiento, reconocimiento, no repetición y convivencia.
- ¿Qué papel otorgan al hecho de pedir perdón en la consecución de estos objetivos?

Puedes ver el vídeo en https://n9.cl/3et95u.

La mayoría de estas políticas se han desplegado en contextos como dictaduras, regímenes de *apartheid* o conflictos armados internos. A esta heterogénea lista de contextos y mecanismos en periodos de transición política cabría añadir determinados casos de violencia de motivación política ocurridos en democracia, especialmente aquellos vinculados a formas de violencia con un respaldo social significativo. Lo que les caracteriza como objeto de políticas transicionales es que se trata de violencias enraizadas, con víctimas y complicidades distribuidas entre distintos sectores de la sociedad que requieren un proceso colectivo de esclarecimiento, memoria, reconocimiento y reparación del daño. Entre ellos se incluyen el conflicto norirlandés y, en ciertos aspectos, el conflicto vasco (Etxeberria, 1999, 2018).

El conflicto norirlandés se encauzó a través de una salida negociada mediante el Acuerdo del Viernes Santo (1998) que mantuvo a Irlanda del Norte dentro del Reino Unido e incorporó medidas para la liberación de presos, la desmilitarización, la reforma policial y la adopción del Convenio Europeo de Derechos Humanos (1953). Ese mismo año se publicó *Las recordaremos*, el informe redactado por Kenneth Bloomfield para la Comisión sobre Víctimas de Irlanda del Norte. En las décadas posteriores se impulsaron diversas iniciativas para gestionar el legado del conflicto —como la comisión independiente para la localización de los restos de las víctimas (1999), el grupo consultivo sobre el pasado (2007) y la unidad de investigaciones sobre el legado del conflicto o los programas europeos PEACE—. Sin embargo, diversas autoras han señalado carencias persistentes en materia de verdad, justicia, reparación y memoria que no se explican por la falta de iniciativas, sino principalmente por la ausencia de un organismo oficial capaz de articularlas dentro de un marco coherente (Roales, 2025; Duffy, 2017). Irlanda del Norte no llegó a contar formalmente con una comisión de la verdad y buena parte de los mecanismos que podríamos asociar a la justicia transicional han sido objeto de críticas. Recientemente, el informe *Legado amargo* (Centro Noruego de Derechos Humanos, 2024), centrado en la impunidad estatal, destaca que en numerosos casos el Estado trasladó a las familias y a las ONG la responsabilidad de esclarecer la verdad, eludiendo su obligación institucional. La aprobación en 2023 de la ley que crea la Comisión Independiente para la Reconciliación y la Recuperación de la Información (ICRIR) ha sido criticada por responder al interés institucional de cerrar el pasado, incluso a costa de limitar el derecho de las víctimas a la verdad y a la justicia (Roales, 2025).

El fin de la violencia en Euskadi no se articuló mediante una salida negociada y, aunque en distintos momentos se hayan utilizado algunos mecanismos característicos de la justicia transicional, no se puede considerar un ejemplo paradigmático de este modelo. A diferencia del conflicto norirlandés, en el que existieron una diversidad de grupos armados rivales con bases sociales y comunitarias muy arraigadas, con dos identidades ideológicas y religiosas antagónicas y territorialmente diferenciadas, el caso vasco se configuró fundamentalmente en torno a un único grupo terrorista, ETA, que se enfrentaba al Estado y a quienes consideraba enemigos de su proyecto político independentista. Aunque hubo otras violencias (grupos de ultraderecha, GAL y violencia policial y parapolicial), estas generaron muchas menos víctimas (10%), su duración en el tiempo fue muchísimo menor —algo más de una década frente a las cinco de ETA— y concitaron un apoyo social residual. Por ello, en contraste con el caso norirlandés, el conflicto vasco no puede describirse como una rivalidad entre dos comunidades enfrentadas (Rivera, 2019). No obstante, ello no resta gravedad a las otras violencias, más bien al contrario. Porque no solo fueron injustas con las personas que la sufrieron, sino que constituyeron un gravísimo ataque a la democracia y al Estado de derecho que debía proteger los derechos y las libertades de toda la ciudadanía (Castells y Sáez de la Fuente, 2025). En un marco de creciente rechazo social a la violencia y de negociaciones fracasadas, la respuesta institucional se centró principalmente en medidas policiales y judiciales orientadas a la disolución de ETA y al enjuiciamiento de los delitos cometidos. Esta orientación explica que el debate político y mediático se haya concentrado sobre todo en la política penitenciaria, incluyendo cuestiones como el acercamiento de presos, la duración de las condenas y la flexibilidad en su aplicación.

Aun así, y de acuerdo con la definición de la ONU, podemos señalar en el caso vasco algunas de las políticas e iniciativas de justicia transicional, en tanto que buscan reparar material o simbólicamente el daño injustamente causado a las víctimas y al tejido social. En el plano jurídico destacan las siguientes leyes: las españolas de Solidaridad con las Víctimas del Terrorismo (1999) y de Reconocimiento y Protección Integral a las Víctimas del Terrorismo (2011); las vascas, una de Reconocimiento y Reparación a las Víctimas (2008) y otra de Reconocimiento y Reparación de Víctimas de Vulneraciones de Derechos Humanos en el Contexto de la Violencia de Motivación Política (2016). Con el fin de recuperar y preservar una memoria crítica sobre el pasado, se crearon Gogora, Instituto vasco de la Memoria, la Convivencia y los Derechos Humanos (2014), y el Centro Memorial de las Víctimas del Terrorismo (2021). Para promover la deslegitimación de la violencia se gestaron, por iniciativa de Gobierno Vasco en colaboración con diversas entidades sociales, programas de víctimas educadoras como Adi-adian y Gizalegez, aún hoy vigentes, mediante los cuales las víctimas comparten sus testimonios en las aulas escolares y universitarias. Finalmente, instituciones públicas y organizaciones sociales colaboraron para poner en marcha distintas iniciativas de encuentro entre víctimas de diferentes perpetradores que han podido reconocerse mutuamente e identificar los rasgos comunes de la injusta victimación padecida (iniciativa Glencree).

LA JUSTICIA RESTAURATIVA

En las últimas décadas ha surgido un debate sobre la necesidad de que la justicia punitiva, centrada en el infractor y en la imposición del castigo, reconsidere su alcance y dé cabida a otros modos de responder al daño causado por los delitos. En este contexto se inscribe la justicia restaurativa. De forma similar a la transicional, busca atender no solo a la situación del victimario, sino también a la víctima y a la comunidad con el objetivo de propiciar la reparación del daño, la responsabilización del victimario y la restauración de los vínculos sociales quebrados. Pero el modelo restaurativo se centra prioritariamente en el plano interpersonal entre víctima y victimario, más que en el social. En la práctica, los procesos de justicia restaurativa se materializan en encuentros estructurados, en los que la víctima y el victimario pueden dialogar de manera segura y mediada sobre los procesos de victimización, las razones del victimario para provocarlos y las consecuencias que tuvieron. A menudo se realizan con la presencia de un facilitador capacitado que guía la conversación y garantiza que se respeten los derechos y la dignidad de todas las partes. Estos encuentros pueden incluir acuerdos de reparación material o simbólica y buscan generar reconocimiento del daño y reconstrucción de relaciones afectadas por el delito. Aunque la justicia restaurativa tiende a desarrollarse en contextos independientes de la justicia transicional, también puede incorporarse en procesos transicionales para complementar los mecanismos penales y que la responsabilización de los victimarios no dependa solo de la imposición de sanciones formales.

Cuando se habla de justicia restaurativa, suele pensarse que su objetivo principal es promover el perdón. Sin embargo, los expertos advierten que esa idea no es correcta porque podría distorsionar el sentido de estas prácticas (Zehr, 2002: 8; De Greiff, 2008; Bessone, 2025). La justicia restaurativa se centra en reconocer el daño, responsabilizar al victimario y atender a las necesidades de las víctimas, dejando que cualquier proceso de perdón surja, si lo hace, de manera voluntaria y no como una exigencia normativa. Ello no implica que el perdón sea incompatible con los procesos de justicia restaurativa. En la práctica, muchas víctimas, victimarios y comunidades lo viven como parte de sus procesos de reparación y de reconstrucción de la convivencia. En este marco, adquiere una relevancia particular la experiencia de los encuentros restaurativos vascos.

TABLA 1

CARACTERÍSTICAS DE LOS DISTINTOS MODELOS DE JUSTICIA

MODELO	OBJETIVO PRINCIPAL	CARACTERÍSTICAS	LUGAR DE LA VÍCTIMA Y DEL VICTIMARIO	PERDÓN
Justicia penal convencional (plano legal)	Castigar asegurando proporcionalidad e igualdad ante la ley; mantener el orden social; reeducación y reinserción social.	Castigo proporcional al delito; delito concebido como ofensa al Estado.	Víctima: papel secundario; suele actuar solo como testigo. Victimario: papel principal; objeto del proceso penal.	Consideración muy limitada y solo, en determinados casos, como condición obligatoria para la obtención de beneficios penitenciarios.
Justicia transicional (plano social)	Facilitar la transición a la democracia, el fin de la violencia y la convivencia; equilibrar rendición de cuentas con reconstrucción social. Pilares: verdad, justicia, reparación y no repetición.	Complemento a la justicia punitiva. Aplicada en contextos sociales de violencia masiva. Combina medidas jurídicas, políticas y sociales.	Víctima: recupera su voz. Víctima y victimario: participación en comisiones de la verdad y otros procesos de reconocimiento y reparación de las víctimas.	No es un objetivo central, pero puede aparecer de forma institucional como perdón político (amnistías, indultos) o interpersonal en comisiones de la verdad u otras herramientas de reconocimiento y reparación.
Justicia restaurativa (plano interpersonal)	Promover el reconocimiento y la reparación del daño injustamente causado a las víctimas y la asunción de responsabilidades por parte del victimario, y favorecer la reconstrucción de vínculos sociales.	Complemento a la justicia punitiva. Centrada en el daño en las relaciones interpersonales y comunitarias.	Víctima y victimario: participan activamente en procesos de diálogo interpersonal en los que la experiencia de la víctima tiene un lugar protagonista y el victimario reconoce ante ella su responsabilidad.	No es un objetivo central, pero puede surgir en el diálogo entre víctima y victimario de manera voluntaria y gratuita.

Fuente: Elaboración propia.

3. EL PERDÓN EN EL CONFLICTO VASCO

Durante la violencia de ETA y en el tiempo transcurrido desde su disolución, la cuestión del perdón ha atravesado distintos marcos jurídicos, discursos políticos y prácticas sociales. En este apartado se analizan las formas en las que el perdón ha sido formulado, utilizado y debatido, examinando sus distintos sentidos y funciones en contextos históricos concretos: como amnistía, como exigencia moral, como requisito jurídico, como experiencia restaurativa o como gesto público de reconocimiento.

PRIMERAS POLÍTICAS DE AMNISTÍA Y DESVINCULACIONES DE ETA

La organización inició su actividad en 1959, aún bajo el régimen franquista. La Ley de Amnistía de 1977 fue diseñada para perdonar "todos los actos de intencionalidad política cualquiera que fuese su resultado" cometidos durante el franquismo y parte de la Transición (hasta octubre del 77), lo que afectaba a los crímenes perpetrados tanto por los aparatos del Estado como por organizaciones armadas. ETA fue una de las beneficiarias de dicha medida. Una parte de sus militantes optó por acogerse a la amnistía y abandonar la vía armada, mientras que otra facción continuó con la lucha violenta tras la instauración de la democracia, intensificando sus acciones y ampliando sus objetivos. Esta amnistía podría considerarse el primer marco en el que cabe hablar de perdón político en relación con el conflicto vasco. Dado que se trató de un perdón condicionado por lógicas de cierre orientadas al olvido del pasado, no supuso una reflexión sobre el daño causado ni vino acompañada de mecanismos para reconocer derechos a las víctimas. Javier Ybarra, cuyo padre fue secuestrado y asesinado por ETA en 1977, afirmaba refiriéndose a ese periodo que "aquella decisión —la del perdón y excarcelación de los asesinos— me supo a *recompensa del mal* [...] mientras los españoles vivían una auténtica fiesta de libertad y democracia, nosotros asumíamos nuestra tragedia en soledad y silencio" (cfr. Buesa, 2006: 11-12). Desde la perspectiva de muchas víctimas del franquismo y del terrorismo, el perdón institucionalizado a través de la Ley de Amnistía consagraba la impunidad de crímenes atroces e, incluso, premiaba a sus autores.

La desvinculación individual de algunos miembros de ETA, con las repercusiones que estos gestos provocaban en el seno de la organización y su entorno, dieron lugar a fracturas profundas sobre la renuncia a la violencia. El abandono se concebía como una traición política, ya que implicaba cuestionar las acciones de la organización, la legitimidad de la violencia y la "justicia" del daño causado. Dolores González Catarain, conocida como Yoyes, fue la primera mujer en llegar a la cúpula de ETA y la primera de sus dirigentes en abandonarla amparada por la amnistía del 77 (Sáez de la Fuente y Maqueda, 2024). Como ella misma insistía, no estaba obligada a ninguna declaración de adhesión o negación de la violencia: "No tengo que pedir indulto, actualmente no hay cargos contra mí, puedo volver a Euskadi sur por la amnistía del 77, sin firmar nada, ni declarar nada en público" (cfr. Unzueta, 2016: 177). No obstante, su asesinato ilustra cómo ETA castigó su decisión por interpretarla como una ruptura que cuestionaba la identidad del militante y el proyecto político del grupo. Así lo señalaba Tasio Erkizia, uno de los dirigentes de la izquierda *abertzale*: "Su abandono público conlleva la colaboración con el enemigo" (cfr. Sáez de la Fuente Aldama, 2002: 174).

El caso de Yoyes no puede leerse como un hecho aislado, desligado del complejo contexto político de aquellos años. En 1983, tras la disolución de ETA político-militar (ETA-pm) (Sáez de la Fuente y Bermúdez, 2025), se diseñó un proyecto de reinserción basado en la firma de un documento en el que el preso acogido a estas medidas negaba expresamente la legitimidad de la violencia. Inicialmente, se acogieron a estas medidas sobre todo miembros de ETA-pm, pero también de ETA militar (ETA-m) y de los Comandos Autónomos (Fernández Soldevilla, 2010). Posteriormente, con el acuerdo de las autoridades policiales francesa y española, la oferta se amplió también a presos de ETA en suelo francés.

CONTROVERTIDAS EXPRESIONES PÚBLICAS DE ARREPENTIMIENTO Y PERDÓN

La expresión de arrepentimiento individual por parte de antiguos miembros de ETA ha sido una de las principales vías a través de las cuales el perdón ha ido adquiriendo visibilidad. Sin embargo, estas expresiones han estado desde el comienzo atravesadas por una ambivalencia discursiva: el propio término "arrepentidos" tiene una fuerte carga despectiva, al asociarse más con la figura del traidor político que con un proceso de transformación moral. Esa ha sido la razón del rechazo del término incluso por exmiembros críticos con la violencia (Terradillos, 2016). Pese a ello, para algunos de estos exmilitantes, el reconocimiento público del daño causado representa una forma de asumir responsabilidades, tomar distancia del pasado violento y recuperar la autonomía moral. Algunas víctimas y ciertos sectores sociales interpretan estos gestos como un paso necesario —o, al menos, profundamente significativo— hacia una convivencia sostenida en el reconocimiento del sufrimiento injustamente infligido.

Sin embargo, también hay perspectivas críticas con las muestras públicas de solicitud de perdón. Algunas señalan que el énfasis en su escenificación pública puede responder más a una lógica instrumental que a un gesto auténticamente reparador para la víctima. Por otro lado, se advierte que un énfasis excesivo en el perdón puede favorecer la impunidad cuando no va acompañado de un compromiso efectivo con el esclarecimiento de la verdad de atentados cuya autoría se desconoce total o parcialmente, en especial en casos aún abiertos o dependientes de la colaboración de otros implicados. Consuelo Ordóñez, presidenta del Colectivo de Víctimas del Terrorismo (Covite), afirmaba: "A las víctimas se nos pide pasar página en beneficio de una idealizada convivencia, hasta asumir que esas cifras terroríficas de impunidad son aceptables, o la generosidad con los asesinos sin exigirles el arrepentimiento" (cfr. Europa Press, 2024); "A mí lo que me restaura es que realmente sientan daño por lo que han hecho, que ayuden a desprestigiar ese mundo y que me cuenten todo lo que saben de cuando salían a matar" (cfr. Caballero, 2021).

Aunque el perdón había sobrevolado el debate público, solo empezó a concretarse de manera más nítida a partir de los años 2000, consolidándose en dos ámbitos clave. Por un lado, en 2003, con su inclusión en el Código Penal como requisito para la reducción de penas, que introdujo una dimensión jurídica inédita al vincular la solicitud de perdón con beneficios penitenciarios. Por otro, en los encuentros restaurativos promovidos desde 2011, donde víctimas y perpetradores participaron en un marco no judicial, apostando por otras formas de reconocimiento y reparación. Desde lógicas distintas, ambos ámbitos supusieron una formalización parcial del perdón, otorgándole cauces institucionales o prácticos. La interacción entre estos espacios —el jurídico-penal y el restaurativo— resulta fundamental para comprender cómo se ha articulado hasta ahora la gestión del perdón en el conflicto vasco.

MODIFICACIÓN DEL CÓDIGO PENAL: EL REQUISITO DE LA PETICIÓN DE PERDÓN

En 2003 se aprobó en España la Ley Orgánica de medidas de reforma para el cumplimiento íntegro y efectivo de las penas destinada principalmente a garantizar que los delitos graves, en concreto los relacionados con el terrorismo y el crimen organizado, cumplieran sus penas de manera completa. La exposición de motivos de la ley señalaba que esta reforma respondía a una demanda social de mayor protección frente a las formas más graves de delincuencia. Al mismo tiempo, reconocía que la reinserción y la reeducación del delincuente seguían siendo principios que justificaban cierta flexibilidad en el cumplimiento de las penas, pero advertía sobre la necesidad de evitar un uso oportunista o instrumental de los mecanismos legales de flexibilización. Para ello, se modificaron diversos artículos del Código Penal, endureciendo las condiciones de acceso a beneficios penitenciarios (BOE 156, 01/07/2003).

Entre las medidas introducidas, por primera vez se incluyó en la legislación española la petición expresa de perdón como requisito para acceder a ciertos beneficios penitenciarios. El artículo 90 del Código Penal, en la sección dedicada a la libertad condicional, establece:

> Asimismo, en el caso de personas condenadas por delitos de terrorismo [...] se entenderá que hay pronóstico de reinserción social cuando el penado muestre signos inequívocos de haber abandonado los fines y los medios de la actividad terrorista y además haya colaborado activamente con las autoridades [...] lo que podrá acreditarse mediante una declaración expresa de repudio de sus actividades delictivas y de abandono de la violencia y una petición expresa de perdón a las víctimas de su delito, así como por los informes técnicos que acrediten que el preso está realmente desvinculado de la organización terrorista [...]

Aunque el texto legal señala de manera genérica la necesidad de la petición de perdón, en la práctica los tribunales han aplicado este requisito con gran rigor. Como indica la jurista Alicia Gil (2021), no basta con presentar la solicitud: si el arrepentimiento no se considera auténtico o se sospecha que persigue fines interesados, el acceso a los beneficios penitenciarios se deniega. La jurisprudencia de la Audiencia Nacional enfatiza que la petición de perdón debe ser sincera, dirigida a las víctimas concretas y acompañada de un reconocimiento real del daño causado, antes de poder acceder a cualquier flexibilización en el cumplimiento de la pena. No obstante, a mediados de 2022, la Audiencia Nacional, tras una nueva composición, introdujo un cambio interpretativo relevante. En un recurso de apelación relacionado con la denegación de un permiso ordinario de salida, el juez progresista De Prada señaló:

> La circunstancia expresada de que no consta escrito del interno manifestando su arrepentimiento y petición de perdón a las víctimas no es en absoluto un requisito legal para la obtención de permisos penitenciarios y su única posible valoración admisible en este momento es a título puramente indicativo (no como obligación) de una buena evolución penitenciaria, lo que también es deducible de otros elementos (auto 00345/2022; 03/06/2022).

El cambio de criterio de la Audiencia Nacional es compartido por el Gobierno Vasco, que asumió en 2021 la competencia de Prisiones (Hernández, 2025). La exigencia del perdón para obtener beneficios penitenciarios plantea dudas sobre el grado de autenticidad que puede exigirse y cómo comprobarlo para evitar tentativas de manipulación. Además, abre un debate sobre el uso que se hace del perdón y del arrepentimiento —aunque esta última palabra no aparezca en la modificación del Código Penal, se cita recurrentemente en los autos y en relación con las cartas de perdón—, trasladando a una lógica punitiva términos que, en principio, pertenecen a una restaurativa (Quintana Domínguez, 2026).

LAS DIFICULTADES DE VERIFICAR LA SINCERIDAD DE LAS PETICIONES DE PERDÓN

En el ámbito penal, las expresiones de perdón o arrepentimiento suelen valorarse como factores atenuantes o que facilitan la concesión de beneficios penitenciarios, contribuyendo a mejoras tanto en la fase previa como posterior a la sentencia. Sin embargo, con la modificación del Código Penal de 2003, esta manifestación deja de ser voluntaria y se convierte en un requisito obligatorio al presentarse como un "signo inequívoco" del abandono de la actividad terrorista, lo que introduce problemas significativos.

La criminóloga Gema Varona (2017) señala que la regulación española adopta un enfoque utilitarista del perdón —y, por extensión, de la víctima y del victimario— tratándolo como mera prueba de que el individuo ha cesado en su actividad delictiva. Para Varona, el perdón debería articularse conforme a los principios de la justicia restaurativa, basados en la voluntariedad, la centralidad de las víctimas y la aceptación de la responsabilidad, posibilitando efectos transformadores en el autor, la víctima y la sociedad. Asimismo, Gil (2021) critica la exigencia del perdón como requisito, proponiendo su supresión o, al menos, su adaptación a un enfoque restaurativo. Argumenta que la normativa refleja un modelo retributivo, centrado en el cumplimiento íntegro de las penas, y relega la finalidad resocializadora. Vincular el perdón a la verificación del abandono de determinadas convicciones desplaza el objetivo de la justicia penal, que es la reinserción social, hacia la difícil tarea de probar un cambio interno. De este modo, se prioriza la búsqueda de señales de arrepentimiento por encima de la reconstrucción del condenado como una persona desvinculada del delito y capaz de reintegrarse en la sociedad. Otras perspectivas coinciden en que la dificultad de integrar el perdón en el sistema jurídico radica en que una petición de perdón no es verificable y, por tanto, no puede constituir prueba concluyente de que quien la formula haya experimentado un cambio genuino en sus convicciones (Cassin, 2004).

Esta problemática se ha visto agravada por el recurso a cartas estandarizadas, conocidas como "cartas tipo", en las que se usaban expresiones genéricas de lamento, no estaban dirigidas a víctimas concretas, evitaban el uso explícito del término *perdón* y presentaban una notable homogeneidad formal, lo que las hacía sospechosas de responder a directrices del Colectivo de Presos Políticos Vascos (EPPK) que en 2013 autorizó que sus miembros se acogiesen a beneficios penitenciarios (Naiz, 2013). En otros casos, se ha hablado de "cartas equidistantes", en la medida en que, si bien lamentaban lo ocurrido, transmitían una neutralidad moral que eludía una asunción clara de responsabilidad. Estos dos casos ponen de manifiesto las dificultades de convertir el arrepentimiento y el perdón en un requerimiento judicial obligatorio; planteado así, puede ser manipulado, de modo que resulta indiscernible si se hace o no un uso instrumental del mismo. Esta conversión del perdón en requisito legal también genera tensiones sociales. Por un lado, colectivos de víctimas denuncian que algunas cartas resultan una burla y reclaman gestos inequívocos de arrepentimiento. Por otro, determinados actores políticos como Inés Soria —asesora del Gobierno Vasco en Instituciones Penitenciarias— cuestionan que se exija a las víctimas un "acto de fe" al vincular el acceso al tercer grado con la solicitud de perdón (AVT, 2024). En este contexto, el perdón ocupa un lugar incierto ya que no funciona ni como prueba jurídica ni como garantía moral.

En febrero de 2024, *El Correo* (Hernández, 2024) publicó extractos de seis cartas de presos que solicitaban el acceso al tercer grado, preservando el anonimato de sus autores al tratarse de documentos no destinados a la difusión pública. Son cartas redactadas de puño y letra, tal como se exige actualmente. Solo en tres de ellas aparece explícitamente el término *perdón*, aunque todas hacen referencia a las víctimas, en la mayoría de los casos mencionándolas por su nombre. Todos los autores obtuvieron finalmente el tercer grado.

Cartas de presos de ETA solicitando el acceso al tercer grado

Victimario 1	**Victimario 2**
[...] Sé que mi arrepentimiento nunca será suficiente para restaurar las vidas que arrebaté y los proyectos de vida rotos. Durante estos últimos años he puesto mis fuerzas en reparar en lo	[...] Siempre he pensado que el perdón, como tal, pertenece más al ámbito de las religiones que al de la legalidad. Aun siendo así, creo que es totalmente legítima su petición si con ella es más liviana la carga de la pena y el dolor que en este caso esta familia acarrea. [...] Es preferible el propósito de enmienda y la asunción

posible a las víctimas del terrorismo pidiéndoles perdón expresamente, pagando la responsabilidad civil y participando en tres encuentros restaurativos. [...] Quiero reiterar aquí y ahora mi más sincera petición de perdón a todas las familias y seres queridos [cita aquí a sus víctimas mortales y a un herido grave] que fueron injustamente asesinados por mí, entonces moralmente cegado y sin conciencia de que la vida y la dignidad humana están muy por encima de cualquier proyecto político.	del mal hecho a la simple petición, ya que se puede verificar a través de la conducta. Tras esta trayectoria sincera y comprobada, esta petición expresa de perdón a la familia de X [cita por el nombre], por haberles privado de la compañía vital de un ser querido, creo que cobra la credibilidad necesaria para poder ser tenida en cuenta. En escritos anteriores planteaba la posibilidad de que si fuera necesario acudiría a cualquier encuentro con víctimas (directas o no) para escuchar lo que a bien tuvieran la necesidad de trasladarme. [...] Ante ellos [los familiares] solo acierto a esbozar un lacónico lo siento. [...] Durante mi vida he tomado cientos de decisiones. De algunas me siento orgulloso y de otras terriblemente apenado. Es este último el sentimiento que albergo cuando pienso en que por una de mis decisiones provoqué un dolor imperdonable a la familia de X [cita a su víctima]. No ha sido ni será fácil seguir con semejante carga.

Fuente: Hernández (2024).

ACTIVIDAD 5

- ¿Qué te sugieren estas dos cartas?
- ¿Qué reacciones provocan en ti si piensas en las víctimas? ¿Y si piensas en los victimarios?
- Estas dos personas, ¿cómo entienden el perdón? ¿Estás de acuerdo con ellas o no? ¿Por qué?

UN PERDÓN DIRIGIDO A LAS VÍCTIMAS

Otro aspecto igualmente problemático de este uso del perdón se refiere al papel de las víctimas. Según el Código Penal de 2003, la petición expresa de perdón debe dirigirse específicamente a las víctimas del delito, lo que significa que no basta con realizar una referencia genérica a las víctimas, vaguedad que de hecho ha sido motivo para rechazar peticiones que no identifican de manera clara a las personas afectadas y que también ha generado críticas significativas.

Por una parte, considerando aspectos jurídicos y normativas recientes sobre los derechos de las víctimas, como el Estatuto de la Víctima (2015), algunos especialistas han señalado que no existe disposición alguna que obligue a notificar a las víctimas las peticiones de perdón. Este vacío parece estar siendo abordado por el Ejecutivo vasco que se ha comprometido a explorar la posibilidad de que se informe a las víctimas sobre estas solicitudes (AVT, 2024). Dicha línea de acción se corresponde con lo expresado por la Fiscalía de la Audiencia Nacional, que sostiene que "hay un problema que hay que solucionar porque una petición de perdón que no llega a la víctima es una petición que queda a medias" (EFE, 2024).

También se advierte de otra implicación que afecta a las víctimas. Varona (2009) sostiene que una solicitud de perdón dirigida a víctimas concretas, pero sobre la que estas no tienen la posibilidad de pronunciarse, puede generar una "victimización secundaria", es decir, una nueva forma de daño producida por las propias prácticas de respuesta institucional o social, que invisibilizan, limitan o responsabilizan a la víctima, al ignorar su capacidad de acción y de respuesta. Esta crítica evidencia el carácter relacional del perdón. Implica que, aunque pueda ser expresado unilateralmente, involucra, directa o indirectamente, a las personas que han sido dañadas. Si se excluye o desconsidera la posibilidad de que estas personas respondan, se da a entender que su respuesta es irrelevante. Esto plantea interrogantes sobre el sentido de una petición de perdón que no está pensada, al menos en primera instancia, para ser recibida ni reconocida por la persona a la que se dirige. Así, el perdón penal, tal como aparece en la normativa, no se concibe en su dimensión relacional, sino más bien como un gesto cuyo significado se construye frente a un tercero, la institución.

Esta restricción pone de manifiesto el carácter paradójico del perdón dentro de la justicia penal. No solo plantea problemas cuando se considera un indicador del cambio en el victimario, sino también cuando se entiende como un proceso reparador orientado a la víctima. En teoría, se da por supuesto que el perdón cumple esta función reparadora, pero en la práctica resulta difícil incorporarlo en la justicia ordinaria, donde los procedimientos penales están diseñados principalmente como una relación entre el Estado y el delincuente, y no como un mecanismo para restaurar el daño causado a las víctimas.

Dado el difícil encaje de los aspectos reparadores, principalmente los morales o simbólicos, es frecuente sostener que el perdón debería desarrollarse en espacios complementarios o alternativos a la justicia penal convencional. Esta es la conclusión a la que han llegado amplios estudios con víctimas de ETA: "La justicia restaurativa, tal como se entiende hoy, es la teoría más coherente para atender los intereses de víctimas y victimarios en lo que respecta a las disculpas y el perdón" (Varona, 2017).

LOS ENCUENTROS RESTAURATIVOS VASCOS. DE LO PRIVADO A LO PÚBLICO

Entre 2011 y 2012 se llevó a cabo en España una iniciativa pionera de encuentros restaurativos. La propuesta surgió de un grupo de reclusos que se había desvinculado de la férrea disciplina del EPPK y que había expresado públicamente su arrepentimiento y su deseo de reparar el daño injustamente causado a las víctimas (Sáez de la Fuente Aldama y Bermúdez Vélez, 2025). La iniciativa contó con el apoyo de la Oficina para las Víctimas del Terrorismo del Gobierno Vasco y de Instituciones Penitenciarias, entonces bajo la competencia del Gobierno central.

En total se realizaron más de una decena de encuentros extrajudiciales, sin obtención de beneficios penitenciarios por participar en ellos. Cada encuentro consistía en entrevistas individuales entre exmiembros de ETA y víctimas o familiares de víctimas de crímenes cometidos por ellos mismos o por otros miembros, con la presencia de un mediador encargado de preparar y facilitar el diálogo. Aunque el perdón no se concebía como punto de partida ni como objetivo del programa, esto no significó su ausencia en los encuentros. "A pesar de que se ha hablado mucho sobre ello después, es conveniente subrayar que los encuentros restaurativos no tenían como objetivo específico pedir perdón ni perdonar. Cuestión distinta es que tal acción se planteara en el curso de la conversación que ambos habían de mantener y que era realmente el objetivo perseguido. Un espacio de libertad y de diálogo para ellos, nada más", señala Txema Urkijo, uno de los promotores de estos encuentros (2020). Un victimario, Luis María Carrasco, subraya que, en su caso, lo que realmente estaba en juego en el encuentro era la oportunidad de pedir perdón por algo que consideraba imperdonable:

> Estaba convencido de que, al ser culpable de un crimen absolutamente reprochable y condenable, el veredicto —esta vez en términos éticos— también sería implacable. Acudí con un solo objetivo: pedirle a ella y a todos los que tanto habían sufrido por mi culpa, perdón. Perdón por ser el causante de una gran injusticia [...]. En pocos minutos ella aparecería, se sentaría frente a mí. Y yo habría de afrontar su presencia desde mi vergüenza y arrepentimiento [...]. Aquella mañana me disponía a pedir perdón por un crimen imperdonable (cfr. Pascual Rodríguez *et al.*, 2015: 284).

En contraste, la persona a la que dirige ese perdón, Maixabel Lasa —viuda de Juan Mari Jáuregui, asesinado por ETA en el año 2000, y directora de la Oficina de Atención a las Víctimas del Terrorismo del Gobierno Vasco entre 2001 y 2012— no centra el encuentro ni su alcance restaurativo en el acto del perdón, sino en el reconocimiento del proceso seguido por el victimario y en los efectos individuales y sociales de la experiencia. "Entiendo que los encuentros realizados deben servir, en el nivel individual, para la reparación y la sanación de las personas dañadas y, en el nivel social, para la construcción de una sociedad más justa y segura, a fin de que se pongan las bases para que la violencia vivida en el pasado no vuelva a desencadenarse en el futuro" (pp. 11-12). Maixabel ha enfatizado en varias ocasiones que prefiere hablar de "segunda oportunidad" y no de perdón por las connotaciones religiosas que tiene este término, poniendo el acento en el plano cívico más que en la absolución moral que contiene el gesto de perdón en el ámbito religioso:

> El perdón es una palabra que para mí tiene muchísimas connotaciones religiosas. Y yo no soy religiosa, soy agnóstica. Yo creo que dar una segunda oportunidad a una persona quiere decir lo que quiere decir, ni más ni menos. Yo se la quiero dar a quienes han solicitado estar conmigo y han hecho un recorrido personal. Puede haber alguien que no lo entienda y que lo disfrace diciendo que cómo he podido perdonar. Pero esto es algo mayor que eso y queda entre ellos y yo (cfr. Zas, 2021).

Ella no es la única víctima que rechaza hablar de perdón por su connotación religiosa. Consuelo Ordóñez afirma igualmente: "Soy agnóstica, no me gusta hablar de perdón, yo prefiero comprobar el arrepentimiento" (cfr. Caballero, 2021). Además, Ordóñez pone el foco en lo que el victimario debe hacer y no en el aspecto relacional del perdón.

El programa de encuentros restaurativos se interrumpió tras el giro en la política penitenciaria que siguió al cambio de gobierno en 2011, cuando el ejecutivo socialista de José Luis Rodríguez Zapatero fue sustituido por el conservador de Mariano Rajoy. Aunque se prolongó mediante otros "encuentros reparadores", promovidos por el Ministerio del Interior, estos respondieron a un diseño diferente. La iniciativa partía de las víctimas (no ya de los presos) y se desarrollaron sin el acompañamiento previo de facilitadores profesionales. En este nuevo marco, el perdón adquiría, a diferencia de la experiencia anterior y en contraposición a los principios de la justicia restaurativa, un carácter de fundamento, cuya función era satisfacer una exigencia legal. Así se recoge en el punto 5.2 de la justificación del Programa para el desarrollo de la política penitenciaria de reinserción individual en el marco de la ley:

> La legislación vigente, para penados por delitos de terrorismo, reconoce efectos jurídicos a la solicitud de perdón a las víctimas [...] Por lo tanto, la Administración Penitenciaria debe arbitrar los procedimientos para que las víctimas que así lo deseen puedan recibir el perdón de los penados dispuestos a pedirlo. A tal fin, en el programa se contemplan encuentros destinados a satisfacer esta exigencia legal. La aceptación del encuentro partirá siempre de la víctima, que tendrá que ser la directamente perjudicada por el delito o sus allegados más cercanos. De la misma forma, el penado que solicita el perdón tiene que ser el autor material o el cooperador directo del hecho delictivo que ha causado el daño.

Este nuevo diseño recibió duras críticas de algunos de los promotores y participantes de los primeros encuentros restaurativos, tal y como se recoge en el documento titulado "Una reflexión antes de que sea demasiado tarde".

Una reflexión antes de que sea demasiado tarde

[...] la participación en los encuentros restaurativos no puede ser algo exigido por la administración de justicia. Al contrario, debe ser absolutamente libre y voluntario para las partes participantes. Lo mismo cabría decir del perdón, de su solicitud y de su concesión; es algo que queda exclusivamente en la esfera privada, íntima; es, sobre todo, un poder y un privilegio de la víctima. No tiene nada que ver con las categorías jurídicas. [...]

Por tanto, es necesario dejar claras algunas cuestiones. Los encuentros restaurativos no degeneran en impunidad, no tienen a priori efectos sobre la ejecución de la condena, no resuelven los problemas de convivencia en

Euskadi, no son obligatorios para nadie, ni presionan a nadie; no pretenden ser un instrumento generalizable y masivo; y no pueden ser utilizados políticamente contra otros victimarios o contra otras víctimas. Muy al contrario, los encuentros restaurativos [...] se organizan y facilitan al servicio de las personas que puedan y quieran participar en ellos, con objetivos puramente personales, íntimos, profundos, liberadores y sanadores, sin afán de trascendencia más allá de la esfera íntima de las personas que hayan querido participar.

En fin, creemos absolutamente imprescindible llamar la atención sobre los efectos nocivos que se derivan de la aplicación del nuevo Plan a partir de los pocos elementos que se conocen. [...] Creemos que nada bueno puede salir del encuentro que se anuncia para este viernes en el centro penitenciario de Zaballa, promovido por una víctima[3] cuya intencionalidad declarada a los cuatro vientos es desmontar una práctica y una trama en la que no cree, manteniéndose además las condiciones de "actualidad rabiosamente informativa" que tanto daño hacen a la iniciativa original. Lamentablemente la celebración de ese encuentro no va a tener un resultado inocuo. Las condiciones que acompañan a la cita son las menos propicias para que nada se restaure o repare. No solo se está poniendo en serio riesgo el programa de encuentros restaurativos que tan buen resultado ofreciera a sus participantes. Mucho nos tememos que también está en juego la apuesta por la política penitenciaria seguida hasta ahora. Los únicos que tienen motivos para sonreír son quienes no creen en la reinserción y los partidarios de la amnesia y de las soluciones colectivas.

Fuente: Urkijo, Arrese, García Arrizabalaga y Etxebarria (2012).

Entre las víctimas críticas con estos encuentros se encontraban aquellas que consideraban que el perdón resultaba inútil e incluso una distracción mientras no existiera una colaboración real con la justicia. Así lo expresaba una de ellas:

3. Se refieren al encuentro entre Consuelo Ordóñez y el exmiembro de ETA Valentín Lasarte en 2012.

> Quieren confundir nuestros cerebros y nuestras mentes con conversaciones sobre perdón y arrepentimiento… Lo que realmente reconforta a todas las víctimas es saber la verdad sobre quiénes mataron a nuestros familiares y que esos asesinos son condenados y castigados de acuerdo con sus crímenes (cfr. Martínez, 2012).

Otras víctimas, sin embargo, planteaban otro tipo de preguntas relativas a la expectativa del perdón y al eventual encuentro con victimarios. Más que situarse en el rechazo o la aceptación, expresan la incertidumbre y la dificultad de anticipar esa situación concreta:

> ¿Y si recibo una carta?, ¿y si me plantean un encuentro con algún preso? Ciertamente, eso me remueve y me produce cierto desasosiego. Ahora no soy capaz de afirmar qué haría si se me planteara algunas de estas situaciones. Tampoco siento la necesidad de que me pidan perdón. Pero quién sabe si en la evolución de este proceso tan íntimo y personal del que he hablado reaccionaré de otra manera en el futuro si se plantea tal situación (Buesa, 2019: 117).

Muchas de las víctimas y de los victimarios, como también de los promotores y mediadores que participaron en estos procesos, han destacado el carácter íntimo, privado e incluso confidencial de los encuentros; el hecho de que haya perdón o no queda entre ellos, o para ellos mismos, sin pretender que sirva a otros fines. No obstante, el perdón, pedido o concedido, no siempre permaneció en el ámbito privado y secreto. En algunos casos, tanto víctimas como victimarios decidieron compartir públicamente parte de sus vivencias. Algunos lo hicieron para dar a conocer la experiencia; otros, además, quisieron mostrar el potencial reparador que aquellos encuentros habían tenido en el plano personal. Algunos de ellos señalaron también que esos gestos de perdón podían desempeñar una función reparadora para la sociedad e, incluso, tener un valor pedagógico y deslegitimador de la violencia. Así, por ejemplo, el victimario Luis Carrasco, que situaba la petición de perdón como motivación principal del encuentro, afirmaba que "el encuentro con esas personas fue aleccionador y decisivo en mi particular proceso de transformación personal; representó un hito, un antes y un después" (cfr. Terradillos, 2016: 168).

También ha habido víctimas que, incluso sin un encuentro con los victimarios directos —y, por tanto, sin una petición expresa de perdón—, han atribuido al acto de perdonar un carácter liberador. Así lo expresa Carmen Hernández, viuda de Jesús María Pedrosa, concejal del Partido Popular (PP) en Durango, asesinado por ETA en el año 2000: "Cada día, cuando hago mi examen de conciencia, me pregunto si soy capaz de perdonar. Es muy difícil perdonar (sobre todo sin que te lo pidan), pero me es necesario hacerlo. El perdón no es una obligación, no es el olvido, no es una expresión de superioridad moral ni es una renuncia al derecho. El perdón es un acto liberador. Perdonar es ir más allá de la justicia" (cfr. Bilbao Alberdi y Sáez de la Fuente Aldama, 2023: 36).

Tras su encuentro con Fernando Astarloa, exmiembro de ETA y primer preso que obtuvo la libertad tras desvincularse de la organización, Iñaki García Arrizabalaga —hijo de Juan Manuel García Cordero, asesinado por ETA en 1980— afirmaba: "Yo le perdoné. El perdón abre escenarios nuevos, es una apuesta de futuro en lugar de mirar sistemáticamente al pasado, aunque no hace que desaparezcan los errores del pasado". Y añade: "Qué mayor deslegitimación de la violencia que la que formula quien la ha practicado" (cfr. Caballero, 2021). Maixabel Lasa también sostiene que son las declaraciones de los propios exmilitantes "las que más deslegitiman el uso de la violencia" (cfr. Caballero, 2021).

Algunos exmiembros de ETA hicieron públicas reflexiones autocríticas en las que reconocían la injusticia de la violencia ejercida, en muchos casos en el contexto de su adhesión a la denominada Vía Nanclares, un itinerario penitenciario individual de reinserción iniciado en 2009. Solo una veintena de los casi 700 presos de ETA se sumaron a este programa que requería desvincularse del EPPK, asumir responsabilidades y reconocer el daño causado. En muchas declaraciones se aludía al perdón, solicitándolo y expresando arrepentimiento (Sáez de la Fuente y Bermúdez, 2025).

Además de las declaraciones de victimarios o víctimas —especialmente a raíz de los encuentros restaurativos, que han continuado celebrándose en reuniones y diversos actos fuera de los cauces institucionales—, también se han producido manifestaciones públicas en las que víctimas y victimarios han realizado gestos de fuerte carga simbólica, expresando su compromiso con la reconstrucción de vínculos personales y sociales. Uno de los primeros ejemplos públicos es el que se produjo durante el homenaje al *ertzaina* Joseba Goikoetxea celebrado en noviembre de 2013. En ese acto, Carmen Gisasola —exmiembro de ETA que posteriormente participó en encuentros restaurativos—, acompañada por el exmilitante Andoni Alza, se encontró con la viuda del *ertzaina*, Rosa Rodero, y se dieron un abrazo ante las cámaras. Gisasola expresó que "se fundió nuestra autocrítica con el dolor de las víctimas" (cfr. Terradillos, 2016), afirmando que la responsabilidad asumida por el victimario y el sufrimiento de la víctima podían confluir en un gesto público de reconocimiento.

Otro gesto altamente simbólico tuvo lugar en julio de 2014, en el homenaje a Juan Mari Jáuregui. Ibon Etxezarreta, condenado por su participación en ese atentado, asistió al acto en el monte Burnikurutzeta con un ramo de 14 claveles —13 rojos y uno blanco—, uno por cada año transcurrido desde el asesinato. Antes de subir al monte, depositó estos claveles en Legorreta, ante el monolito erigido en memoria de Jáuregui. La viuda, Maixabel Lasa, había autorizado previamente su presencia y decidió hacerla pública, calificando aquel gesto como un paso adelante en el camino abierto por la Vía Nanclares. En declaraciones posteriores, Lasa subrayó que aquel ramo de flores no era solo un símbolo conmemorativo, sino la expresión de una voluntad real de reconocimiento del daño y de acercamiento más allá del odio.

Se recomienda el visionado de la película *Maixabel* (2021), dirigida por Icíar Bollaín.

Desde el final de ETA en 2011 y su completa disolución en mayo de 2018, tardaron en llegar expresiones de perdón y de reconocimiento del sufrimiento causado por parte de la banda y de la izquierda *abertzale*. A pesar del reiterado rechazo de ETA tanto a expresiones de arrepentimiento como de perdón, en su último comunicado de 2018 la organización recurrió finalmente a este último término y pidió perdón, aunque de manera limitada, restringiéndolo única y exclusivamente a las víctimas que, según su propia formulación, "no tenían una participación directa en el conflicto vasco". Aunque esta declaración fue recibida con satisfacción por determinados sectores, también generó un profundo malestar porque sugería que las víctimas "que habían participado del conflicto" merecían la violencia padecida. En octubre de 2021, la izquierda *abertzale*, a través de EH Bildu, realizó en el Congreso de los Diputados una declaración en la que expresó su reconocimiento al sufrimiento causado por ETA, subrayando que fue "un dolor que nunca debió haberse producido" (Naiz, 2021). Sin embargo, esta declaración no contenía ningún reconocimiento de su propia responsabilidad moral y política en la legitimación y el apoyo al uso de la violencia por parte de la organización terrorista.

ACTIVIDAD 6

- Revisa tus reflexiones sobre el significado del perdón en la primera actividad. Tras la lectura del libro, ¿te surgen dudas, preguntas, inquietudes, etc., que puedan modificar, aunque sea parcialmente, esas primeras impresiones? ¿Cuáles?
- Contrasta tus ideas con personas de tu entorno familiar y social. ¿Encuentras denominadores comunes y diferencias? Si existe controversia, ¿cuáles son las cuestiones principales en disputa?

CONCLUSIONES: UN LUGAR INCIERTO PARA EL PERDÓN

En Euskadi, el perdón ha estado atravesado por visiones encontradas que dificultan comprender su papel real y su potencial en la sociedad. Una de ellas sostiene que perdonar equivale a "pasar página", desviando así la atención de procesos como el reconocimiento del daño injustamente causado, la búsqueda de la verdad o la exigencia de justicia. Desde esta perspectiva, el perdón aparece como una herramienta que diluye en el olvido el sufrimiento de las víctimas y el acto mismo de perdonar se percibe, con frecuencia, como signo de debilidad o complicidad con los terroristas y su entorno político. El acto de pedir perdón también se ha asociado con una forma de humillación pública considerándolo sinónimo de derrota simbólica, claudicación o incluso traición al propio grupo, mientras que perdonar se rechaza como un gesto de superioridad moral por parte de las víctimas.

En distintos momentos se ha sostenido que las víctimas deberían perdonar y que los victimarios deberían pedir perdón, como si esos gestos tuvieran por sí mismos el poder de liberar a la sociedad del peso del pasado. A ello han contribuido afirmaciones que lo presentan como una virtud que ennoblece a quien lo concede y como una responsabilidad cívica con el bien común. Este enfoque limita el perdón, una experiencia cargada de complejas connotaciones, a mero instrumento al servicio de la cohesión social.

Frente a estas interpretaciones reduccionistas, en este libro hemos querido insistir en que perdonar no exige olvidar lo sucedido ni restablecer necesariamente la relación con quien causó el daño ni renunciar a la justicia. Tampoco constituye una condición indispensable para la paz. La construcción de una convivencia duradera requiere procesos más amplios y complejos —como la memoria, la reparación y el reconocimiento— que pueden, o no, incluir el perdón.

Los testimonios de víctimas y victimarios reflejan la enorme diversidad de posturas respecto al papel del perdón en la reconstrucción de las relaciones. Para algunos, el perdón es crucial, incluso transformador; para otros, constituye una forma de impunidad. Hay familiares de personas asesinadas que sostienen que no les corresponde perdonar, mientras que otros rechazan el término mismo, aunque defienden la oportunidad de que los victimarios se reincorporen a la sociedad como vía hacia una convivencia pacífica y democrática. Muchas de estas discrepancias se relacionan con interpretaciones de carácter moral, religioso o ideológico, pero también con la función social del perdón en la memoria, la dignificación de las víctimas y la convivencia. Como puede verse, el perdón no suscita consensos fáciles; por el contrario, nos coloca ante un escenario incierto.

Posiblemente, una de las caracterizaciones que más limita el perdón es concebirlo como un acto de clausura: cerrar un ciclo, sanar una herida, borrar un resentimiento, poner fin a un conflicto. Sin embargo, un análisis más cuidadoso como el que hemos tratado de realizar aquí muestra que el perdón no garantiza certezas ni clausuras; es más bien una promesa, un gesto que enfrenta lo inexcusable y una expresión de confianza. En una sociedad que reconoce la posibilidad de abordar lo injustificable mediante la memoria, la justicia y la reparación, el perdón puede plantearse sin requerir que se dé bajo la forma de un deber o requisito para la convivencia, sino desde ese espacio de incertidumbre, imprevisibilidad y falibilidad que caracteriza a las relaciones humanas.

No se trata, entonces, de determinar si el perdón se da o no se da —una certeza inalcanzable—, sino de mantener abierta la posibilidad de que ocurra, sosteniendo un espacio indeterminado en el que las relaciones puedan recomponerse. Quizá, entonces, el reto no sea definir qué es perdonar ni exigir que se perdone, sino abrir un espacio donde lo inexcusable pueda ser afrontado sin garantías, desde la memoria y la justicia, en la fragilidad propia de lo humano. En ese "lugar" incierto del perdón, la convivencia y la reconciliación encuentran una posibilidad, no un final asegurado.

BIBLIOGRAFÍA

Allen, Danielle (2000): *The World of Prometheus: The Politics of Punishing in Democratic Athens*, Princeton, Princeton University Press.

Amnistía Internacional (2000): *Comisionar la Justicia. Las comisiones de la verdad y la justicia penal*, Londres, Amnesty International Publication, https://n9.cl/w723p.

Arendt, Hannah (2023): *La condición humana*, Barcelona, Paidós [ed. original: *The Human Condition*, Chicago, University of Chicago Press, 1958].

Aubriot, Danièle (1987): *Quelques réflexions sur le pardon en Grèce ancienne. Le pardon, Michel Perrin*, París, Beauchesne, pp. 11-27.

AVT - Asociación de Víctimas del Terrorismo (2024): X Jornada de la Asociación de Víctimas del Terrorismo, vídeo en YouTube, https://n9.cl/tzxspv.

Bentley, Tom (2016): *Empires of Remorse: Narrative, Postcolonialism, and Apologies for Colonial Atrocities*, Abingdon, Routledge.

Bessone, Magali (2025): "Le pardon, effet essentiellement secondaire de la justice réparatrice", *La justice pénale aux frontières du pardon*, París, Garnier, pp. 197-216.

Bilbao Alberdi, Galo y Sáez de la Fuente Aldama, Izaskun (2023): *Memorias de las víctimas. ¿Víctimas de la memoria?*, Madrid, Los Libros de la Catarata.

Broncano, Fernando (2025): "Antes del perdón", *El laberinto de la identidad*, https://n9.cl/9kkdd.

Buesa, Marta (2019): "Reinserción: un reto para las víctimas", en A. Rivera y E. Mateo (eds.), *Víctimas y política penitenciaria*, Madrid, Los Libros de la Catarata.

Buesa, Mikel (2006): "Víctimas del terrorismo y política del perdón", *Cuadernos de pensamiento político*, pp. 9-22, https://n9.cl/louooa.

Caballero, Álvaro (2021): "¿Es posible perdonar al asesino de tu padre? Diez años de los encuentros entre víctimas y presos de ETA", https://n9.cl/lclho.

Cassin, Barbara (2004): "Amnistie et pardon: pour une ligne de partage entre éthique et politique", *Le Genre humain*, 43(2), pp. 35-58, https://n9.cl/ooh9a.

Castells, Manuel y Sáez de la Fuente, Izaskun (2025): *Guerra sucia y abusos de poder: la quiebra de los imperativos morales*, Madrid, Los Libros de la Catarata.

Centro Noruego de Derechos Humanos (2024): *Legado amargo*, https://n9.cl/5nkzl.

De Greiff, Pablo (2008): *The Handbook of Reparations*, Oxford, Oxford University Press.

De Groot, Marlies *et al.* (2021): "Group-based shame, guilt, and regret across cultures", *European Journal of Social Psychology*, 51(7), pp. 1198-1212, https://n9.cl/7phna.

De Warren, Nicolas (2014): "L'impardonnable chez Jankélévitch", *Archives de philosophie*, 77(3), pp. 421-433, https://n9.cl/rz3pro.

Derrida, Jaques (2019, 2020): *Le parjure et le pardon*, vols. I y II, París, Galilée.

Duffy, Aoife (2017): "Recuperación de la verdad tras los conflictos en Irlanda del Norte", en Roldán Jimeno (ed.), *Justicia transicional: historia y actualidad*, Cizur Menor, Thomson Reuters Aranzadi, pp. 403-428.

EFE (2024): "El Gobierno Vasco quiere hacer llegar a las víctimas peticiones de perdón de presos de ETA", https://n9.cl/dncftt.

Elster, Jon (2006): *Rendición de cuentas: la justicia transicional en perspectiva comparada*, Buenos Aires, Katz Editores.

Etxeberria, Xabier (1999): *Perspectiva política del perdón. El perdón en la vida pública*, Bilbao, Servicio de Publicaciones de la Universidad de Deusto.

— (2018): *El perdón y la reconciliación en la convivencia cívica*, Barcelona, Institut Català Internacional per la Pau, https://n9.cl/5gnsh9.

Europa Press (2024): "Covite recuerda que la sociedad tiene 'una deuda infinita' con las víctimas de ETA", https://n9.cl/82ejq.

Fernández Soldevilla, Gaizka (2010): "Agur a las armas. EIA, Euskadiko Ezkerra y la disolución de ETA político-militar (1976-1985) ", *Sancho el Sabio*, 33, pp. 55-95.

Foucault, Michel (2014): *Subjectivité et verité*, París, Gallimard.

— (2018): *Les Aveux de la chair*, París, Gallimard.

Gil, Alicia (2021): "El requisito de 'petición expresa de perdón a las víctimas' ¿signo de la progresión personal en el proceso de resocialización?", *Revista General de Derecho Penal*, 35.

Griswold, Charles (2007): *Forgiveness: A Philosophical Exploration*, Cambridge, Cambridge University Press.

Hayner, Priscilla B. y Aylwin Azócar, Patricio (2010): *Verdades innombrables: el reto de las comisiones de la verdad*, Ciudad de México, Fondo de Cultura Económica.

Helmick, Raymond G. y Petersen, Rodney (eds.) (2001): *Forgiveness & Reconciliation: Public Policy & Conflict Transformation*, West Conshohocken, PA, Templeton Press.

Hernández, Jesús (2024): "Las cartas de los presos de ETA para pedir el tercer grado", *El Correo*, 11 de febrero, https://n9.cl/h4iami.

— (2025): "Los presos de ETA que no presenten una evolución no accederán al tercer grado", *El Correo*, 1 de agosto, https://n9.cl/oqaxp.

Jankélévitch, Vladimir (1999): *El perdón*, Barcelona, Seix Barral [ed. original: *Le Pardon*, París, Aubier-Montaigne, 1967].

Konstan, David (2010): *Before Forgiveness: The Origins of a Moral Idea*, Cambridge, Cambridge University Press.

Krog, Antjie (1998): *Country of my skull: guilt, sorrow, and the limits of forgiveness in the new South Africa*, Nueva York, Times Books.

Lefranc, Sandrine (2004): *Políticas del perdón*, Madrid, Cátedra [ed. original: *Politiques du pardon*, París, Presses Universitaires de France, 2002].

Loraux, Nicole (2008): *La ciudad dividida. El olvido en la memoria de Atenas*, Buenos Aires, Katz Editores [ed. original: *La cité divisée. L'oubli dans la mémoire d'Athènes*, París, Payot, 1997].

Martínez, Isabel C. (2012): "Ordóñez a Lasarte: 'Se lo dije, quien te tendría que perdonar está muerto'", *El País*, 22 de junio, https://n9.cl/wv9ydp.

Martínez Espinosa, Luisa Fernanda y Morales Gómez, Diana Marcela (2018): "El perdón en los procesos de justicia transicional. Las dos dimensiones es del perdón: El perdón interpersonal y el perdón de Estado", *Revista de Derecho, División de Ciencias Jurídicas de la Universidad del Norte*.

Murphy, Jeffrie G. (2003): "Christianity and Criminal Punishment", *Punishment & Society*, 5(3), pp. 261-277, https://n9.cl/hzffj.

Murphy, Jeffrie G. y Hampton, Jean (1988): *Forgiveness and Mercy*, Cambridge, Cambridge University Press.

Naiz (2013): "Adierazpena", https://n9.cl/oz9vkw.
— (2021): "Declaración del Dieciocho de Octubre", https://n9.cl/nvg9s.
Nussbaum, Martha (2018): *La ira y el perdón. Resentimiento, generosidad, justicia*, México, Fondo de Cultura Económica [ed. original: *Anger and Forgiveness. Resentment, Generosity, Justice*, Oxford, Oxford University Press, 2014].
ONU - Organización de las Naciones Unidas (2004): "El Estado de derecho y la justicia de transición en las sociedades que sufren o han sufrido conflictos", Informe del Secretario General, https://n9.cl/3am5n.
Pascual Rodríguez, Esther (coord.) *et al.* (2015): *Los ojos del otro. Encuentros restaurativos entre víctimas y ex miembros de ETA*, Camargo, Editorial Salterrae.
Quintana Domínguez, Idoia (2026): "Forgiveness as a Legal Condition: A Study of the Uses of Forgiveness in the Basque Conflict", *Punishment & Society*, https://n9.cl/bgwf9.
Rivera, Antonio (ed.) (2019): *Nunca hubo dos bandos. Violencia política en el País Vasco, 1975-2011*, Granada, Comares.
Roales, Nagore (2025): "Irlanda del Norte y justicia transicional", *Deusto Journal of Human Rights*, https://n9.cl/4tmxyd.
Sáez de la Fuente Aldama, Izaskun (2002): *El movimiento de liberación vasco, una religión de sustitución*, Bilbao, Instituto Diocesano de Teología y Pastoral.
Sáez de la Fuente Aldama, Izaskun y Bermúdez Vélez, Ángela (2025): *ETA frente a su espejo: controversias sobre el uso de la violencia*, Madrid, Los Libros de la Catarata.
Sáez de la Fuente Aldama, Izaskun y Bilbao Alberdi, Galo (2020): *Por una (contra) cultura de la reconciliación*, Barcelona, Cristianisme i Justícia.
Sáez de la Fuente, Izaskun y Maqueda, Ayala (2024): *Patriarcado y legitimación de la violencia de motivación política en Euskadi*, Madrid, Los Libros de la Catarata.
Terradillos, Ana (2016): *Vivir después de matar: los terroristas de ETA que dejaron las armas cuentan por primera vez su historia*, Madrid, La Esfera de los Libros.
Trouillot, Michel-Rolph (2000): "Abortive rituals: Historical apologies in the global era", *Interventions: International Journal of Postcolonial Studies*, 2(2), pp. 171-186, https://n9.cl/c4u61.
Tutu, Desmond (2018): *Sin perdón no hay futuro*, Madrid, Hojas del Sur España [ed. original: *No future without forgiveness*, Nueva York, Doubleday, 1999].
Unzueta Kareaga, Humberto (2016): *Nanclares vis a vis. Cara a cara con la disidencia de ETA*, Donostia-San Sebastián, Erein Argitaletxea.
Urkijo, Txema (2020): "Mi relato sobre los encuentros restaurativos", https://n9.cl/2z2ay.
Urkijo, Txema; Arrese, Jaime; García Arrizabalaga, Iñaki y Etxebarria, Xabier (2012): "Una reflexión antes de que sea demasiado tarde" [archivo], https://n9.cl/pv8xgo.
Varona, Gema (2009): "Evolución jurisprudencial en la interpretación de diversos aspectos de la ejecución de sentencias condenatorias en materia de terrorismo de ETA", en J. L. de la Cuesta e I. Muñagorri (eds.), *Aplicación de la normativa antiterrorista*, Donostia-San Sebastián, Instituto Vasco de Criminología, pp. 61-151.
— (2017): "Apology and Spanish criminal law at the post-sentencing level: The gap between legal provisions and victims' and offenders' experiences in cases of terrorism", *Oñati Socio-Legal Series*, 7(3), pp. 511-527, https://n9.cl/albami.
Zas Marcos, Mónica (2021): "Maixabel Lasa, víctima de ETA: 'Perdonar tiene una connotación religiosa y yo soy agnóstica'", *El Diario*, 27 de septiembre, https://n9.cl/acyfqo.
Zehr, Howard (2002): *The Little Book of Restorative Justice*, Intercourse, PA, Good Books.
Zoodsma, Marieke y Schaafsma, Juliette (2021): "Examining the 'age of apology': Insights from the Political Apology database", *Journal of Peace Research*, 59(3), pp. 436-448, https://n9.cl/og26lu.

CATARATA

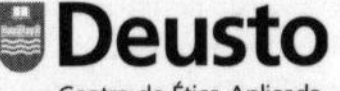
Deusto
Centro de Ética Aplicada
Etika Aplikatuko Zentroa

IDOIA QUINTANA DOMÍNGUEZ

Deustuko Unibertsitateko Etika Aplikatuko irakaslea eta ikertzailea da. Filosofiako doktoregoa egin zuen 2013an, Madrilgo Unibertsitate Konplutentsean eta Lovainako Unibertsitate Katolikoan. Doktorego ondoko egonaldiak egin ditu nazioarteko hainbat unibertsitatetan, besteak beste, Kaliforniako Unibertsitatean (Riversiden), Buenos Airesko Unibertsitatean eta Paris X Nanterre Unibertsitatean. Bere espezializazio-eremua filosofia politikoa, estetika eta etika dira, batez ere pentsamendu garaikide kontinentalaren ekarpenetatik. 2021ean A Forgiveness-based Approach: An Analysis of Forgiveness and its Uses in the Basque Conflict proiektua hasi zuen, Europako Batzordeak finantzatuta, Marie Sklodowska-Curie bekaren bidez. Proiektu horretan, barkamenaren nozioaren eta barkamenak euskal gatazkan izan dituen erabileren analisi kritikoa garatu zuen, ikuspegi dekonstruktiboa erabiliz. Gaur egun, bere ikerketa filosofikoak barkamenaren eta lekukotzaren gaur egungo erabilerak aztertzea du ardatz, dimentsio juridikoari, politikoari eta sozialari begiratuta.

ÁNGELA BERMÚDEZ VÉLEZ

Deustuko Unibertsitateko Etika Aplikatuko Zentroko ikertzaile nagusia da. Gatazkei eta Bake Kulturei buruzko ikerrildoa eta Euskadiko Memoriaren, Historiari buruzko Hezkuntzaren eta Bakearen Eraikuntzaren inguruko Ikaskuntza Komunitatea zuzentzen ditu. Bere ikerlanetan, sakon aztertu du historiari buruzko hezkuntzak, ingurune formaletan zein informaletan, nola sustatzen edo eragozten duen indarkeria politikoaren ulermen kritikoa eta, ondorioz, bakearen eraikuntza. Harvard Unibertsitateko Hezkuntza Eskolan lortu zuen doktoregoa 2008an, gazteek auzi sozial eta politikoen eztabaidan nola hartzen zuten parte ikertuta. Horren aurretik, Kolonbian lan egin zuen, bertako curriculum eta baliabide didaktikoak diseinatzen, irakasleak trebatzen, gazteei irakasten eta hezkuntza historiko, demokratiko eta etikoaren inguruan ikertzen. Hainbat erakundetako aholkulari izan da: Kolonbiako Hezkuntza Nazionaleko Ministerioa, Bogotako Hezkuntza Idazkaritza, Amerikako Estatuen Erakundea, Iberoamerikako Estatuen Erakundea (OEI) eta Goi Mailako Hezkuntza Sustatzeko Institutua (ICFES). Irakasle izan da, besteak beste, Deustuko Unibertsitatean (Bilbo), Northeastern Unibertsitatean (Boston), Harvard Unibertsitatean (Cambridge), Unibertsitate Javerianoan (Bogota) eta Gizarte Zientzien Latinoamerikako Fakultatean (FLACSO, Buenos Aires).
Research ID: Web of Knowledge: H-1290-2011/ orcid.org/0000-0002-5269-6420.

Idoia Quintana Domínguez eta Ángela Bermúdez Vélez

Barkaezina barkatzea? Argi-ilunak euskal gatazkan

Izaskun Sáez de la Fuente eta Ángela Bermúdez
(bildumaren editoreak)

Itzultzailea: Itziar Navarro Picabea, Itzulpen eta Hizkuntza
Laguntzako Zerbitzua – Deustuko Unibertsitatea

EUSKADIKO GATAZKAREN ETA INDARKERIAREN MEMORIA ETA HISTORIA BILDUMA.

BILDUMA HAU EUSKO JAURLARITZAK ETA DEUSTUKO UNIBERTSITATEAK BIZIKIDETZA, GIZA ESKUBIDE ETA ANIZTASUNAREN PLANA (2021-2024) GARATZEKO SINATUTAKO HITZARMENAREN BABESPEAN EGIN DA.

LAN HAU EGITEKO ERABILITAKO IKERKETAK EUROPAR BATASUNAREN HORIZON 2020 IKERKETA ETA BERRIKUNTZA PROGRAMAREN FINANTZAKETA JASO DU, MARIE SKLODOWSKA-CURIE 894400 ZENBAKIKO DIRULAGUNTZA-AKORDIOAREKIN LOTUTA.

AZALAREN DISEINUA: MIKEL LAS HERAS

ITZULTZAILEA: ITZIAR NAVARRO PIKABEA, ITZULPEN ETA HIZKUNTZA LAGUNTZAKO ZERBITZUA - DEUSTUKO UNIBERTSITATEA

ZURBANO, 76
28010 MADRID
TEL. 91 532 20 77
WWW.CATARATA.ORG

BARKAEZINA BARKATZEA? ARGI-ILUNAK EUSKAL GATAZKAN

ISBN: 978-84-1067-565-0
DEPÓSITO LEGAL: M-8.121-2026
THEMA: QRAB7/JKVV

IMPRIMATZAILEA: ARTES GRÁFICAS COYVE S.L.

AURKIBIDEA

BILDUMARI BURUZ

Euskadi Ta Askatasunak (ETA) behin betiko su-etena iragarri zuenetik hamarkada bat igarota, Euskadiko gazteek —indarkeria pairatu ez duen lehen belaunaldia— adierazi dute espazio seguru gutxi dituztela gaiari buruz galdetzeko, hitz egiteko eta eztabaidatzeko.

Liburu bilduma honek azken hamarkadetan Euskadin bizi izan den gatazkaren eta indarkeriaren historiaren ulermen kritikoa sustatu nahi du belaunaldi berriengan. Batez ere gazteei eta gai horiei buruzko interesa duten herritarrei zuzenduta dago, baina baita irakaslanean edo irakaslanerako prestatzen ari direnei eta hainbat erakunde publiko eta pribatutatik giza eskubideen errespetua sustatu eta bakea eta bizikidetza landu nahi duten pertsonei ere.

Proiektu hau Euskadiko Memoriaren, Historiari buruzko Hezkuntzaren eta Bakearen Eraikuntzaren inguruko Ikaskuntza Komunitatearena da. Ikaskuntza komunitate hori Deustuko Unibertsitateko Etika Aplikatuko Zentroaren ekimenez sortu zen 2018an eta, harrezkero, Euskadiren indarkeriazko iraganari buruzko diziplinarteko eta belaunaldien arteko elkarrizketa eta hausnarketa ahalbidetzeko gune bat da. Lehen lan fasean (2019-2021), profil ideologiko desberdinetako gazteek Euskadin bizi izandako motibazio politikoko indarkeriari buruz zer galdera eta gogoeta dituzten ikertu zuen. Behin eta berriz adierazi zuten hainbat galdera sortzen zaizkiela, baina ez dutela non planteatu galdera horiek, eta gogoetak ere badituztela, baina ezin dituztela

beste pertsona batzuekin kontrastatu. "Jarauntsitako eta autoinposatutako isiltasuna"ren pisua sentitzen dute familian, koadriletan, eskolan eta komunitatean.

Bada uste zabaldu bat isiltasun horri irauten lagundu diona: bakea eta bizikidetza sustatzeko, hobe dela orria pasatzea, iragana ahaztea eta etorkizunera bakarrik begiratzea. Baina etorkizuna ezin da eraiki iraganari bizkarra emanda. Horregatik, oraingo lan fasean, Ikaskuntza Komunitateak hainbat aditu bildu ditu bilduma honen ekoizpenean laguntzeko: gaian adituak diren historialariak, indarkeriaren analisi etikoan adituak diren filosofo eta gizarte zientzialariak eta historiari buruzko hezkuntzan adituak diren pedagogoak.

Bildumako liburu bakoitzak gai historiko edo etiko batean sakontzen du. Hautatu diren gaiak bereziki garrantzitsuak dira gazteek euskal gatazkaren eta indarkeriaren historiari buruz dituzten kontakizunei modu kritikoan heltzeko. Estrategia pedagogiko narratiboa erabiliz, Peneloperen bideari jarraitzea proposatzen da: iragan odoltsu eta mingarri baten memoria sozialaren ehuna tentuz desegitea eta kontzientziaz berriz ehuntzea. Bide horretan, indarkeria justifikatzeko balio duten mito, partzialkeria eta gain-sinplifikazioak ikusaraztea eta kritikoki arakatzea izango da abiapuntua dinamika bikoitza aurrera eramateko: *memoria historizatzea* eta *historia memorializatzea*. Horren bidez, hiru helburu bete nahi dira: pertsonek fenomeno historikoen konplexutasunaren ulermen hobea izatea, iragana biktimen esperientzian hezurmamitzea, eta, horrela, historiak indarkeria desnormalizatzeko eta deslegitimatzeko duen ahalmena aktibatzea.

SARRERA

Azkenaldian, barkamenak gero eta presentzia handiagoa du eremu publikoan, eta gure kultura moral eta politikoaren elementu garrantzitsua bihurtu da. Hainbat azterlanek erakutsi dute laurogeiko hamarkadaren amaieraz geroztik ordezkari politikoek bidegabekeriei eta giza eskubideen urraketei buruz egindako barkamen-eskaera publikoak modu esponentzialean biderkatu direla mundu osoan (Zoodsma eta Schaafsma, 2021). Joan den mendearen erdialdetik, ugaritu egin dira barkamena eskatzeko esparruak (egiaren batzordeak, topaketa errestauratiboak, adierazpen instituzionalak, keinu sinbolikoak, etab.). Testuinguru horietan, barkamena gizabanakoen arteko ekintza pribatu bat izatetik formula publiko, politiko, juridiko eta sinboliko bat izatera igaro da, iraganeko zauriak ixten laguntzeko, biktimen sufrimendu bidegabea aitor dadin sustatzeko edo bizikidetzarako bideak irekitzeko, indarkeriak kolpatutako gizarteetan. Barkamenaren konfigurazio-aldaketa hori XX. mendearen amaierako eta XXI. mendearen hasierako aldaketa kultural esanguratsuenetako bat da. De Warrenen arabera (2014: 421), "barkamena ez da edozein kontzeptu moral, baizik eta gure garaiko erantzun morala".

Barkamena oso kontu konplexua eta eztabaidagarria da, esanahi anbiguoa duelako, haren ulerkera eta erabilera asko aldatzen direlako testuinguruaren arabera, aplikatzeko zaila delako eta, zehazki, biktimentzat, biktimagileentzat eta komunitatearentzat

erronka handia delako. Baina barkamen-eskaera gure gizarteetan hain ohikoa eta garrantzitsua bihurtu izanak eta, gainera, eremu pribatutik atera eta gatazken kudeaketa publikora eraman izanak oraindik erantzun argirik ez duten galderak planteatzeko beharra areagotzen du: zein egoeratan du zentzua barkamena eskatzeak? Zenbateraino instrumentalizatu daiteke zauriak presaka ixteko eta beste prozesu konplexuago batzuk saihesteko mekanismo gisa? Barkamenaren erabilera masibo eta instituzionalak barkamenaz arinkeriaz hitz egitera eramaten al du? Nola lotzen da beste prozesu batzuekin, bereziki erreparazioarekin, memoriarekin, adiskidetzearekin edo indarkeriari legitimitatea kentzearekin?

Euskal gizartean ikus daitezkeen zenbait sinesmen edo ideiak barkamenaren konplexutasuna sinplifikatzen dute eta biktimak aitortzeko eta erreparatzeko prozesuei eta bizikidetza berreraikitzeari egin diezaiekeen ekarpena zailtzen dute. Liburu honetan, ideia horietako batzuk ikuspegi kritikotik aztertzen saiatu gara. Adibidez, pertsona batzuek uste dute biktimek erantzukizun zibikoagatik barkatu behar dutela eta, horregatik, gogor kritikatzen dituzte hori egin nahi ez dutenak. Beste batzuek, berriz, deskalifikatu egiten dute barkamena, indarkeria justifikatzeko erabiltzen ziren arrazoi ideologiko eta politikoekiko traizioaren sinonimo dela iritzita. Zenbaitek, bestalde, barkamena erlijio-adierara murrizten dute, eta ez dituzte kontuan hartzen modernitatearekin bizi izan dituen eraldaketak. Sektore sozial eta politiko batzuek gatazketarako ezinbesteko eta behin betiko konponbide gisa hartzen dute; beste batzuek, ordea, barkamenak biktimak birbiktimizatzen dituela edo egoera azkar ahaztera behartzen duela diote. Ulertzeko eta kudeatzeko moduaren arabera, barkamena funtsezkoa izan daiteke indarkeriari legitimitatea kentzeko eta bizikidetza berreraikitzeko, edo kaltegarria izan daiteke eta justu kontrako eragina sor dezake. Liburuaren izenburuak konplexutasun eta anbibalentzia hori islatu nahi du. Horregatik jasotzen du Jacques Derrida filosofoak adierazi zuen paradoxa: barkamenak "barkaezina barkatzera" bideratzen denean hartzen du benetako zentzua.

Liburu honetan barkamenak euskal gatazkan duen zeregina landu badugu ere, aldez aurretik ibilbide kontzeptual bat proposatu

dugu, barkamena nola ulertzen dugun zehazteko. Hasteko, termino horren karakterizazio laburra egin dugu, eta barkamena eta desenkusak bereizi ditugu. Ondoren, barkamenaren nozioaren historia berrikusi dugu, jatorriari eta izan dituen aldaketa nagusiei erreparatuta. Azkenik, esleitu ohi zaizkion beste ezaugarri, baldintza eta helburu batzuk aztertu ditugu kritikoki. Ibilbide horren ondoren, gaur egun barkamena nola ulertzen den argituta eta oinarrituta, prozesu soziopolitiko konplexuetan eta, bereziki, euskal gatazkan duen zereginaz aritu gara.

ARIKETA 1

- Zer esan nahi du zuretzat barkamenak?
- Dena barka daitekeela eta barkatu behar dela uste al duzu?
- Barkamena aplika al dakieke terrorismo-delituei? Nork eman behar du barkamena (biktimak, familiak, estatuak)? Zergatik? Nori uste duzu egiten diola mesede eta kalte, eta nola?

1. BARKAMENAREN HURBILKETA KONTZEPTUALA

DESENKUSETATIK HARATAGO: BARKAMENA BARKAEZINAREN AURREAN

BARKAMENAREN ETA DESENKUSAREN ARTEKO ALDEAK

Egunerokoan, maiz hitz egiten dugu barkamenaz, baina ia beti arin eta automatikoki. Barkamena eskatzen dugu, adibidez, hizketan ari den norbaiti nahi gabe eten egiten diogunean, hitzordu batera berandu iristen garenean edo beste pertsona batzuei une jakin batean eragiten dieten akats txikiak egiten ditugunean. Kasu horietan, barkamena eskatzean eta ematean, amaitutzat ematen da gorabehera. "Ez da ezer", "ez kezkatu" edo "ahaztu" adierazpideek normaltasunera azkar itzultzea ahalbidetzen dute. Baina barkamena ez da ohiko keinu soil horietara mugatzen. Testuinguru konplexuagoetan ere agertzen da, ofentsa larriagoak gertatzen direnean; halakoetan, eskatzen dena oso bestelakoa izaten da, eta erantzuna ere bai.

Eguneroko barkamen arinaren eta ofentsa larriengatiko barkamenaren arteko bereizketa beti agerikoa ez bada ere, hainbat adituk uste du barkamen terminoa, adierarik sakon eta zorrotzenean, bederen, konpentsazio bidez inola ere konpondu ezin den kalte bati emandako erantzuna izendatzeko gorde beharko litzatekeela, edo beste pertsona batek eragin duen kalte

bidegabeari emandako erantzuna izendatzeko (Jankélévitch, 1999; Murphy eta Hampton, 1988; Griswold, 2007; Derrida, 2019). Horrek esan nahi du barkamena ez dela soilik adeitasuna berreskuratzeko mekanismo bat; aitzitik, harreman bat hautsi duen kalte bati eman dakiokeen erantzun bat da, eta inplikazio sakonak dituenez, hura tratatzeko modu espezifikoak behar dira. Ohiko desenkusak, berriz, aitzakiekin edo gaizki-ulertuekin lotuta daude; funtsean, alderdien arteko harremana aldatzen ez duten egoeretan azaltzen dira, eta egoera horiek laidoa ezabatzen duten formulekin konpon daitezke, bestelako prozesurik behar izan gabe (Broncano, 2025).

Beraz, egindako kaltearen tamainak ez ezik, kaltea egiteko nahiak eta biktimak edo gizarteak bizi duen bidegabekeria-esperientziak ere bereizten dute barkamena edo desenkusak eskatzea eragin dezakeen gertaera. Bidegabekeriaz ari garenean, bai laidoa egin duenarekin eta, batzuetan, bai laido hori egitea ahalbidetu edo babestu duen gizarte-esparru zabalago batekin gizarte-loturak hausten eta haien oinarrian dauden arauak urratzen direla adierazi nahi dugu. Horrelako hausturen aurrean, ez da nahikoa zerbait nahi gabe egin dela esatea edo gertatutakoa ulergarri bihurtzen duten inguruabarretara jotzea. Desenkusak egokiak izan daitezke kaltea ulertzeko aukera ematen duten faktore aringarriak daudenean —nahi gabe egindako ekintza bat, arrazoizko hutsegite bat, muturreko egoera bat, esate baterako—. Barkamena, berriz, azalpenetarako bide hori agortzen denean planteatzen da, planteatzera iristen bada. Horrekin bat egin zuen Vladimir Jankélévitchek (1999), barkamena desenkusatzeko eta ulertzeko modukoa dena amaitzen den lekuan bakarrik has daitekeela esan zuenean. Ulermenak azaltzeko modukoaren eremura eramaten du hutsegitea eta, horregatik, barkatzeko ekintzaren erradikaltasuna neutralizatzen du, hain zuzen ere, barkatzea inolako justifikaziorik ez duenarekin lotuta dagoelako.

ARIKETA 2

- Nola azalduko zenuke desenkusen eta barkamenaren arteko aldea?
- Pentsatu zure eguneroko bizitzako zer egoeratan eskatu duzun edo eskatu dizuten barkamena. Egoera horietan, barkamenaz edo desenkusez hitz egin beharko genuke?
- Barkaezina zen zerbaitengatik barkamena eskatu edo eman al duzu inoiz? Zein egoeratan?
- Nola azalduko zenuke "barkaezina barkatzearen" paradoxa?

BARKAMENA TESTUINGURU POLITIKOETAN

Barkamena kalte sakon eta bidegabe baten erantzun gisa ulertzeak garrantzi politiko eta intelektual berezia hartu zuen muturreko indarkeria-moduak eta eskubideen urraketak ugaritu ziren testuinguruetan. XX. mendeko hondamendi handiei erantzuteko —eta, bereziki, nazien sarraskien ondoren—, eztabaida publikoan hainbat galdera hasi ziren planteatzen barkamenari, haren aukerei eta haren mugei buruz. Garai hartan, esparru moralak, juridikoak eta politikoak birdefinitzeko beharrak galdera bat ekarri zuen: Ba al dago erreparazio-esparru eta adiskidetze-aukera oro gainezkatzen duen krimenik, une hartan "gizateriaren aurkako" krimen gisa kalifikatzen hasi zirenak, esaterako?[1] Barkamena aukera bat izan al daiteke halako kalte larri baten aurrean ala, aitzitik, barka daitekeenak mugak ditu?

Arazo nagusia, ordea, ez zen barkamena, barkaezina zer zen baizik. Barkamenari beren pentsamenduan leku erabakigarria eman ziotenetako askok (adibidez, Jankélévitchek edo Hannah Arendtek) aitortu zuten gizakien barkatzeko aukerek muga bat zutela. Geroago, Jacques Derrida filosofoak (2019, 2020) eta

1. Nurenbergeko epaiketek (1947) gizateriaren aurkako krimenekin lotutako delituei izena jarri zieten. Krimen horiek berariaz agertzen dira akusazioaren idazkietan eta horiengatik kondenatu zituzten auzipetuetako batzuk. Hersh Lauterpach (1943) legelariaren hitzetan, "gizaki indibiduala da zuzenbidearen azken unitatea". Zuzenbidearen ikuspegi berri horrek ardatza Estatutik gizabanakoarengana eramaten du, eta nazioarteko zuzenbidea Estatuen arteko zuzenbidetzat hartzeko ikuspegi klasikoa hausten du.

beste batzuek kontzeptuaren bilakaera erabakigarri bat proposatu zuten: barkamena, zentzurik izan behar badu, ezin da bideratu barkagarria, ulergarria edo konpongarria dela uste dugun horretara. Derridaren iritziz, barkamena benetan barkaezina dela uste den kalte bati erantzuteko baino ezin da gertatu; osterantzean, ezin izango genuke barkamenaz hitz egin, barkatzen den hura arintzen duten konpentsazioetan, azalpenetan edo erreparazioetan oinarritzen den transakzio modu batez baizik. Horrek, berriro ere, barkamena eta desenkusak bereiztera eramaten gaitu.

Beraz, garai kritiko hartan, zigor-logika areagotzearekin eta hainbat figura juridiko berri proposatzearekin batera, horien artean, delitu batzuen preskribaezintasuna (hau da, urteak igaro arren, delitua jazartzen jarraitzeko legezko beharra), barkamena posible ote den eta, gizartearen ikuspegitik, desiragarria izan daitekeen eztabaidatzen hasi zen. Kontua ez zen mugatzen biktimen eta biktimagileen arteko barkamen indibidualetara; horrekin batera, aztertu nahi zen erakundeek barkamena sustatzeko edo emateko espazioak edo mekanismoak sortu behar ote zituzten, bizikidetza eta adiskidetzea lortzeko bidean, mendekuan edo zigorrean oinarritutako dinamikak bazterrean utzita. Bidegurutze horretan, oraindik argitu ez den beste eztabaida bat sortu zen: barkamena krimen izugarrien aurrean justiziari uko egitea dela ulertu beharrean, justizia ahalbidetzeko bideetako bat izan daitekeela pentsatzea, edo, gutxienez, justizia egiteko modu bidezkoagoetara hurbiltzeko moduetako bat.

Hala, gaur egun barkamena egindako kaltea aitortzeko, gizarte-loturak berreraikitzeko eta zigor-logika hutsaz bestelako narratibak egituratzeko ahalmena duen baliabide bat dela uste da, nahiz eta batzuetan iruditu baliabide erraza eta mekanikoa dela, eta, are gehiago, errua arintzeko balio duela. Ildo horretatik, garrantzi berezia hartzen du trantsizio politikoetan, gerra zibilen amaieran eta indarkeriak eragindako bidegabekeriari eta traumei aurre egiteko prozesuetan. Egoera horietan, barkamenaren zeregina eta mugak eztabaidatzen dira, prozesu horiek biktimengan eta gizarte osoan uzten dituzten zauri sakonei nola aurre egin aztertzean.

BARKAMENAREN ERALDAKETA HISTORIKOAK

Sarritan ziurtzat hartzen da barkatzea gizakion berezko joera dela, gure izaera errukiorraren ondorio, mendekuzko joerei kontrajarrita. Irudi naturalizatu hori, barkamena keinu unibertsal, etengabe eta ahistorikotzat hartzen duena, oso errotuta dago, bai gizarte-iruditerian eta bai gaur egungo zenbait diskurtso filosofiko eta erlijiosotan. Haatik, pentsamenduaren eta gizarte-jardunbideen historia aztertzeak ustezko ebidentzia natural hori zalantzan jartzera eramaten gaitu, erakusten baitigu barkamena ez dela gizakiaren funts aldaezin baten ondorio, ezta menderik mende aldatu ez den moralaren oinarrizko osagai baten ondorio ere. Aitzitik, barkamenak askotariko formak eta funtzioak izan ditu, esparru kultural, erlijioso eta juridikoen arabera.

Ikuspegi historiko horrek laguntzen digu, halaber, gizarte guztiek barkamena berdin ulertzen dutela zalantzan jartzen; izan ere, kultura eta tradizio askotan hemen aurkeztuko dugun eredu judu-kristauaren antzeko jardunbideak aurki daitezkeen arren, guztiek ez dute berdin ulertzen bidegabekeria eta haren konponbidea. Adibidez, gizarte batetik bestera asko aldatzen da lotsari, erruari, ohoreari, erantzukizun indibidual edo kolektiboari eta komunitate-sentimenduari ematen zaien zeregina (De Groot *et al.*, 2021). Desberdintasun horiek nabarmen baldintzatzen dute zer esan nahi duen barkatzeak, nork barka dezakeen eta zer egoeratan. Aniztasun hori gorabehera, tradizio judu-kristauaren mendebaldeko eredua —damuan, barne-eraldaketan eta ofentsagilearen eta ofendituaren arteko lotura morala berrezartzean oinarritzen dena— mundu osora hedatu da; testuinguru oso desberdinetan erakundetzera iritsi da; eta erreferentzia nagusi bihurtu da egungo esparru sozial, politiko eta juridikoetan.

Barkamen modernoaren eta antzinako barkamenaren arteko aldea agerian geratzen da laidoak kultura klasikoetan nola kudeatzen ziren ikustean (Aubriot, 1987; Allen, 2000; Konstan, 2010). Greko-erromatar garaian, amorruari neurria hartzen, mendekuari uko egiten edo laidoak alde batera uzten ahalegintzen baziren ere, ezin dugu esan jokaera horiek barkamen modernoaren

baliokide zirenik. Izan ere, ez zen eragindako kaltea aitortzen eta ez zen harremana berreraikitzea bilatzen moralaren ikuspegitik. Adiskidetzera edo barne-aldaketara baino gehiago, ekintza horiek ohorea defendatzera edo gizarte-ordena berrezartzera bideratuta zeuden, edo errepresaliak saihesteko moduak ziren. Gainera, antzinako kulturetan, ofentsa baten ondoren mendekuari uko egitea edo ez egitea ofendituaren duintasuna, zenbait baldintza kontuan hartuta, berrezartzearen mende zegoen. Baldintza horietako bat hutsegitea ez zela nahita egin uste izatea zen; presuntzio horri esker, ofentsagileak bere ekintza justifikatu zezakeen, bere kontroletik kanpoko faktoreei egotziz. Beste bide bat kaltea erreparatzea zen, ofentsaren baliokidetzat jotzen zen konpentsazio-motaren baten bidez; horrela, liskarra trukearen bidez konpontzen zen. Barkamena eremu publikoan ere erabil zitekeen eta, egoera horietan, ahaztea exijitzen zen, K.a. 404. urtean Atenas zatitu zuen gerra zibilaren ondoren gertatu zen bezala: buruzagi demokratikoek amnistia orokorra eman zuten eta "iraganeko gaitzak ez gogoratzeko" zina egin zuten, errebantxa saihesteko eta barne-kohesioari eusteko. Erabaki hori arrotza egingo zaigu ziurrenik, baina, aldi berean, baita hurbila ere, nazioa adiskidetzea helburu, barkatzearen eta ahaztearen gaur egungo politika batzuk kontuan hartuta (Loraux, 2008).

Abrahamen tradizioa —liburuko hiru erlijio handiak barne hartzen dituena: judaismoa, kristautasuna eta islama— agertzearekin batera, barkamenak profil teologiko berri bat hartu zuen, eta horrek eragin erabakigarria izan du barkamenaren gaur egungo ulerkeran. Kristautasunean, bereziki, barkamenak leku nagusi bat hartu zuen, norbanakoak, graziaren bidez, Jainkoarekin adiskidetzea adierazten baitzuen: doako dohaina, baldintzarik gabea eta merezi gabea, gizakiaren eta Jainkoaren arteko harremana berreskuratzeko gai dena (Murphy eta Hampton, 1988; Murphy, 2003). Barkamenaren doakotasun hori seme galduaren parabolan ere ikusten da: aita batek semea beso zabalik hartzen du, semeak egindakoa azaldu edo hutsegitea konpontzeko asmoa adierazi baino lehen (Lukas 15:11-32). Hala ere, barkamena dohain gisa irudikatu bazen ere, teologo kristauek luze idatzi zuten apaltasunaz, aitortzaz eta penitentziaz. Hain zuzen ere, elementu

horiek barkamena emateko edo merezi izateko baldintzak zirela esan zuten.

Azken batean, barkamen teologiko goiztiar horretan, arreta, batez ere, Jainkoak bekatua barkatzera eta kitatzera bideratzen da, eta ez hainbeste arau-hauslearen morala aldatu dela aitortzearen ondorioz, erresumina gainditzeko pertsona arteko prozesura. Nolanahi ere, horrek badu lotura barkamenak hartu dituen forma modernoekin, bereziki damuaren adierazpenei, barne-eraldaketari (bihotzez) edo aitorpenari ematen zaien garrantziari begiratzen badiogu (Foucault, 2014, 2018).

Beraz, barkamenari dagokionez, ez iturri klasikoek, ez Bibliako testuek, ez lehen idazki kristauek, ezta Erdi Aroko pentsamendu filosofiko eta teologikoak ere ez zuten gaur egun erabiltzen dugunaren antzeko kontzepturik formulatu (Konstan, 2010). Hala ere, aipatu dugun horren guztiaren gainean hasi zen forma hartzen barkamenaren ikuspegi modernoa. Denborarekin, XVIII., XIX. eta XX. mendeen artean, barkamena norbanakoaren autonomian, erantzukizunak bere gain hartzeko gaitasunean eta kaltetutako harremanak konpontzean oinarritutako jardunbide moral gisa sendotuz joan da.

BARKAMENAREN EZAUGARRIAK GAUR EGUN

Hasteko, barkamena gizarte-harremanak hausten dituen bidegabeko kalte bati eman dakiokeen erantzun gisa definitu dugu, kalte horren erantzukizuna beste pertsona bati egotzita. Orain, barkamenaren beste ezaugarri osagarri batzuk azalduko ditugu, kaltearen aurrean erreakzionatzeko beste modu batzuetatik bereizteko.

SUBJEKTUAK ETA KALTETUTAKO LOTURA ERALDATZEA

Pertsonen arteko barkamena tartean dauden subjektuak eta haien arteko lotura kaltetua eraldatzea dakarren ekintza gisa uler daiteke. Ofendituarentzat, barkatzeak hainbat sentimendu, bereziki erresumina eta haserrea, alde batera uztea ekarri ohi du, eta hori,

askotan, ondorio sendagarriak dituen askapen emozionaleko prozesu gisa ulertzen da. Gainera, mendeku-nahiei uko egitea dakar, baina ez nahitaez legezko zigorrari edo zigor penalari uko egitea. Kasu askotan, barkamena kaltea eragin zuenaren aldaketa zintzoa aitortzearekin lotzen da; berariaz eskatu gabe ere eman daiteke, ordea. Hala ere, pertsona batzuek ez dute barkatu nahi, ekintza larriegia edo nahita egindakoa izan zela uste dutelako, edo barkatzeak, nolabait, portaera hori justifika dezakeela uste dutelako. Beste batzuek, besterik gabe, ezin dute barkatu, adibidez, kaltetu bakarrak ez direnean, barkatzeak ez dagozkien erantzukizunak hartzea dakarrenean, edo barkatzeak ofentsagileari errua kentzea esan nahiko lukeela sentitzen dutenean. Ofentsagilearen ikuspegitik, barkamena eskatzeak eraldaketa bat ere ekar dezake, eta hainbat dimentsiotan agertzen da, kognitibotik moralera. Barkamena eskatzen duenak eragin duen benetako kaltea aitortzea eta erantzukizuna bere gain hartzea espero da; era berean, damutzea eta jokabide kaltegarria baztertzea ere espero da, bere barnean izan duen aldaketa erakusten du horrek. Barkamena eskatzeak, gainera, barkamena adieraztea esan nahi du, hitzez ez ezik, baita egindako kaltearen, jokabide hori gaitzestearen eta kaltea konpontzeko asmoaren ageriko aitorpena —batzuetan, publikoa— eginez ere.

Tartean dauden alderdien eraldaketa indibidual horretaz gainera, barkamenak haien arteko lotura eraldatzearekin ere badu zerikusia, lotura hori berrezartzea edo, gutxienez, iraganeko kalteak etorkizuneko harremana behin betiko ez baldintzatzea lortu nahi baita.

BARKAMENA, TRUKE-PROTOKOLO BALDINTZATUA

Barkamena harremanak berreraikitzera bideratutako prozesu morala dela ulertzetik abiatuta, hainbat interpretazio sortu dira haren esanahiari, funtzionamenduari eta, bereziki, helburuari buruz. Horietako askok ikuspegi normatibo bat proposatzen dute, barkamena baliozkotzat emateko funtsezko baldintzak zehaztuko dituen protokolo itxi eta arauemaile bat formulatuta, barkamena

ematea errazteko. Charles Griswold (2007) filosofoaren proposamenak ikuspegi horrekin bat egiten du. Haren formulazioari jarraituz, barkamena eskatzen duenak honako baldintza hauek bete behar ditu:

1. egindakoaren erantzulea dela onartu;
2. bere ekintzak eta bere burua, ekintza horien egilea denez, arbuiatu;
3. kaltetutako pertsonaren aurrean damua adierazi, kalte hori egin diolako;
4. kalterik egingo ez duen pertsona bihurtzeko konpromisoa hartu eta konpromiso hori hitzez eta ekinez erakutsi;
5. mindutako pertsonaren tokian jarrita, eragindako kaltea ulertzen duela erakutsi;
6. bidegabekeria hori egitera nola iritsi zen azaldu, bidegabekeria horrek bere pertsona osoa ez duela erakusten ulertarazi eta gainerakoek ontzat emateko moduko pertsona bihurtzen ari dela adierazi.

Beraz, gako horiek kontuan hartuta, barkamenerako bidea ondoz ondoko etapak gaindituz egitea planteatu ohi da. Bestalde, barkamenak lortu beharko lituzkeen helburuak aurreratzeko joera dago; horregatik, adiskidetzea, erredentzio espirituala edo, eremu zabalagoetan, gizarte-berreraikuntza edo batasun nazionala eta antzeko helburuak lortzen ez dituen edozein formula osatugabetzat edo inperfektutzat jotzen da. Gainera, barkamena definitzeko modu horiek, modu inplizituan eta kontraesana badirudi ere, zigor-logika bat izaten dute sarritan: barkamena arau-hauslea zigortzeko tresna bihurtzen da, eta pertsona horri damua eta erreparaziorako eta eraldaketarako borondatea erakustea eskatzen zaio, barkamena eman aurretik. Horrela, barkamenak doako ekintza izateari uzten dio eta transakzio hutsa bihurtzen da.

Barkamena zorrotz arautzeko joera horren aurrean, hainbat ahots kritikok ohartarazi dute, gehiegi mugatzen saiatuz gero eta funtzionamendu sozial eta politiko egokia lortzera bideratutako mekanismo zuzentzaile huts bihurtuz gero, barkamena etikoki

esanguratsua eta harremanetarako baliotsua izatea egiten duen ezaugarria desaktibatzeko arriskua dagoela.

BARKAMEN ZIURGABEA ETA EGIAZTAEZINA: TRUKE BALDINTZATUTIK HARATAGO

Martha Nussbaum (2018) ez dago ados barkamena ofentsagilearen eraldaketaren eta biktimaren onarpenaren arteko truke baldintzatu gisa ikustearekin. Egile horren arabera, ikuspegi horrek nabarmen murrizten du barkamenaren esanahia, arauemailea, aurreikusgarria eta funtzionala bihurtzen baita, preskribatu ahal izango balitz bezala, eta barkamena eskatzea edo barkatzea erabakitzea barkamenaren konplexutasun etiko guztia ebazteko nahikoa izango balitz bezala. Ohartarazten du barkamenaren karakterizazio batzuk baliagarriak izan daitezkeen arren, barkamena izapide moral bat bihurtzeko arriskua dakartela, hau da, ia automatikoki bete daitezkeen ondoz ondoko urratsen segida. Horrela, barkamena arautzera ere irits liteke, biktimei eska dakiekeen bertutea dela pentsatzeraino, edo, are gehiago, guztion onerako den erantzukizun zibikotzat hartzeraino. Baina, paradoxa badirudi ere, ikuspegi hori onartuz gero, barkamenak bere indar etikoa eta dimentsio disruptiboa galduko lituzke; izan ere, barkamena kalkulu, igurikimen edo betebeharraren logikatik kanpo dago, eta baldintzatu gabeko, banakako eta ziurgabetasun handiko ekintza da ezinbestean, programatu, aurreikusi edo espero ezina.

Ildo kritiko hori bera aldarrikatu zuen Hannah Arendtek *La condición humana* (2023) lanean. Lan horretan, barkamena esperientzia aurreikusezin gisa definitzen zuen; alegia, ekintzaren munduan ustekabea txertatzen du, ez baitio kausa-efektuaren logikari erantzuten, eta ez baita inongo betebehar moral edo juridikoren ondorio. Arendten iritziz, justizia legalean hutsegite bakoitzari erreparazio bat dagokio eta krimen bakoitzari, zigor proportzional bat; barkamena, ordea, exijitu ezin den eta bermatu ezin den keinu bat da. Barkamenaren zentzurik sakonena, hain zuzen ere, ziurtzat jo ezin izatean datza. Barkamenarekin, egintzen

eta ondorioen katea eteten da, konpentsazio-logika bertan behera gelditzen da, eta gertatutakoak baldintzatzen ez dituen aukera berriei bidea irekitzen zaie. Nahiz eta baldintza batzuk, bereziki aitorpena, damua edo barkamen-eskaera, barkamena errazten duten faktoretzat hartu, horietako batek ere ez du ziurtatzen barkamena benetan emango denik. Era berean, ezin da ziurtatu barkamenarekin lotutako keinu horiek zintzoak direnik. Aurreikuspen- eta kontrol-arauetatik kanpo gelditzen da guztia. Ikuspegi horretatik, Arendtek ekintza politikoaren eta espazio komunaren bihotzean kokatzen du barkamena: espazio horretan, egitateek atzera bueltarik ez badute ere, oraindik zerbait berria sor daiteke eta harremanak berrabiarazi daitezke. Hala, barkamena gertakari gisa eta ez protokolo soil gisa ulertuta, haren erabilera instrumental eta hertsatzailetik aldentzen du eta eraldatzeko duen indarra agerian jartzen du. Barkamena ezin da aurreikusi, ezin da ez planifikatu ez exijitu, ezin da ez betebehar bat ez eskubide bat izan, baina pertsonak eta kaltetutako harremana aldatzeko ahalmena du, baita inork hori gertatzea espero ez duenean ere (Arendt, 2023: 260).

Badirudi ñabardura teoriko horiek barkamenaren ulermen argiagotik eta praktikoagotik urruntzen gaituztela, baina testuinguru zehatzetara eta biktimen eta biktimagileen lekukotzetara hurbiltzean, ikusiko dugu ziurgabetasuna eta egiaztatzeko ezintasuna azaleratzen direla, eta barkamenaren ikuspegi preskribatzaile eta arauemaileak, ordea, bere mugak dituela: zenbat eta gehiago irudikatu protokolo arauemaile baten moduan, orduan eta okerragoa eta desegokiagoa da; zenbat eta zurrunago definitu haren helburua —adiskidetzea, erredentzioa edo gizarte-ordena berrezartzea—, orduan eta gaitasun txikiagoa du kaltetuen esperientziara hurbiltzeko; eta zenbat eta gehiago azpimarratu haren izaera esplizitua eta ikusgarritasun publikoa, orduan eta gehiago handituko dira instrumentalizazio-, antzezpen- edo faltsutze-susmoak.

Tentsio horiek erakusten dute barkamena nekez egokitzen dela hura antolatzea edo bermatzea helburu duten esparruetara, eta horregatik arrisku handia dago barkamena modu estrategikoan erabiltzeko eta gizarte-presioaren pean jartzeko. Barkamenaren

preskribatzeko edo egonkortzeko erresistentzia bereziki nabarmena da kalte- eta gatazka-testuinguruetan; halakoetan, barkamenaren aukerak eta mugak argiago agertzen dira, eta komunitate baten bizitza politikoan nola txerta daitekeen galdetzera eramaten gaituzte.

ARIKETA 3

Barkamenaren kontzeptuaren eraldaketa historikoak kontuan hartuta, saiatu galdera hauei erantzuten:

- Zure ustez, zein dira ikuspegi bakoitzaren ezaugarriak eta zein haien arteko desberdintasun nagusiak?
- Zure ustez, zein ideiak iraun dute denboran eta zein desagertu dira?
- Barkamenaren zein planteamendu historikorekin sentitzen zara identifikatuen? Eta zeinekin gutxien? Zergatik?

2. BARKAMENA ESPARRU INSTITUZIONALETAN

Barkamenak, historian zehar pertsonen arteko ekintza izan bada ere, zeregin garrantzitsua hartzen du testuinguru instituzional jakin batzuetan, arau-hauslea zehatzera mugatu beharrean, beste helburu batzuk ere badituzten justizia-moduekin lotzen baita: kalteari aurre egitea, banakako dimentsioan eta dimentsio kolektiboan; gerra, diktadura edo indarkeriako garaien ostean, trantsizio politikoak erraztea; eta gizarte-loturak eta bizikidetza berreraikitzen laguntzea. Horrela, barkamena, biktimen borondate indibidualaren mende bakarrik utzi beharrean, esparru instituzionaletan proiektatzen da; esparru horiek, zehazki, kaltearen kudeaketara eta gizarte-erantzukizunera bideratutako Estatuaren erabakien, arau juridikoen eta harremanetako bitartekoen bidez artikulatzen dira.

Justiziaren bi ikuspegi handik hartzen dute kontuan harremanen dimentsio hori eta aipatzen dute barkamena modu esplizituan, neurri handiagoan edo txikiagoan: a) justizia trantsizionala, trantsizio politikoko prozesuekin lotzen dena eta iragana argitzera eta kaltearen aitorpen publikoa egitera bideratzen dena, egiaren batzordeen eta beste hainbat tresnaren bidez; eta b) justizia errestauratiboa edo leheneratzailea, kalteak erreparatzea eta biktimagileek egin dutenaren erantzukizuna beren gain hartzea ardatz dituena, normalean zigor-arloko justiziaren osagarri diren topaketa- eta elkarrizketa-prozesuen bidez.

Barkamen instituzionala bi modutara agertu ohi da. Alde batetik, estatuaren barkamen-politika gisa —amnistiak, indultuak

edo erruki- edo immunitate-neurriak—. Horietan, barkamena (zigorrak ezabatzea edo murriztea), trantsizioa errazten duen egonkortze politikorako tresna dela ulertzen da. Bestetik, ezaugarri jakin batzuk dituzten harremanetako espazioen bidez. Horietan, justizia konbentzionalean ez bezala, biktimei ahotsa ematen zaie eta biktimagileak ere inplika daitezke kaltea aitortzeko eta erreparatzeko prozesuetan. Hala gertatzen da, adibidez, topaketa errestauratiboetan (justizia errestauratiboaren berezko tresna) eta egiaren batzordeetan (justizia trantsizionalaren tresna garrantzitsuenetako bat).

Hurrengo orrialdeetan bi ereduak aztertuko ditugu. Zehazki, hainbat galdera jarriko ditugu mahai gainean: barkamena pertsonen arteko ekintza soiltzat hartu behar den ala erakundeek gauzatu eta kudeatu dezaketen edo hala egin behar duten; nork izango lukeen barkatzeko baimena edo noren izenean; eta zer ondorio izango lituzkeen hori eremu publikoan aplikatzeak. Filosofiaren esparruan, barkamen instituzionalaren legitimitatea bera ere zalantzan jarri ohi da, biktimei soilik legokiekeen eskumen bat beretzat hartzen duela dirudielako. Biktimez bestelako inork ezin duela jasandako kaltea barkatu esaten da: “ez Estatuak, ez herriak eta ez Historiak ezin dute barkatu” (Lefranc, 2004: 137. or.). Arlo juridikoan, arazoa barkamenaren arau-estatutuan datza, ezin baita esan exijitu daitekeen eskubide bat denik ezta juridikoki ezarri daitekeen betebehar bat denik (ezin da legez bermatu biktimagile batek barkamena eskatuko duenik, eta ezin zaio biktima bati exijitu barkamena emateko). Azkenik, maila politikoan, barkamen instituzionala botere subiranoaren aztarnatzat har daiteke, Estatuari nolabaiteko diskrezionalitatea ematen baitio legezko justiziak berezko duen tratu-berdintasunari salbuespenak egiteko edo uko egiteko.

MEKANISMO INSTITUZIONALAK TRANTSIZIO POLITIKOKO GARAIETAN

JUSTIZIA TRANTSIZIONALA

Diktaduren edo gerra zibilen osteko trantsizio politikoko prozesuetan, batez ere giza eskubideen urraketa larriak jasan dituzten

herrialdeetan, gizarteek kontuak ematea bermatzeko eta gizartea berreraikitzeko erronkari egin behar diote aurre. Horrelako trantsizioak erraztera bideratutako mekanismo instituzionalak askotarikoak izan dira, baina azken hamarkadetan justizia trantsizionalari lotutako bitartekoek gero eta protagonismo handiagoa hartu dute.

Justizia trantsizionala antzinako fenomeno gisa definitu da, eta "erregimen politiko batetik besterako trantsizioaren ondoren gertatzen diren epaiketa-, garbiketa- eta erreparazio-prozesuak" hartzen ditu barne (Elster, 2006: 15). Zehazkiago, Nazio Batuen Erakundeak (NBE) honela deskribatzen du: "gizarte batek iraganeko urraketa eta abusu larrien legatuari aurre egiteko egiten duen ahaleginarekin lotutako prozesuen eta mekanismoen multzoa, kontuak ematea, justizia egitea eta adiskidetzea bermatzeko" (2004). Definizio horren arabera, justizia trantsizionala indarkeriaren legatua kudeatzera bideratzen da, egia argitzeko, justizia egiteko, biktimak erreparatzeko eta horrelakoak berriz ez gertatzeko bermeak emateko mekanismoez baliatuta. Mekanismo horietan prozesu judizialetatik hasi eta ekimen sinboliko edo errestauratiboetara artekoak sartzen dira. Guztien artean, egiaren batzordeek leku nabarmena hartzen dute. Egiaren batzordeak aldi baterako sortzen dituzte estatuek edo nazioarteko erakundeek, gehiegikeriak ikertzeko eta dokumentatzeko, ohiko sistema judizialak nahikoak edo bideraezinak direnean (Hayner, 2010).

Munduko egiaren batzorde nagusietako batzuetan sakontzeko, honako mapa interaktibo hau erabil daiteke: https://n9.cl/6f74ko.

Askotan, politika trantsizionalek barkamen politikorako mekanismoak erabili izan dituzte, besteak beste, amnistiak eta indultuak. Barkatzeko modu horiek ez daude biktimen mende, eta bideragarritasun politikoko eta egonkortasun instituzionaleko arrazoiengatik justifikatu izan dira sarritan. Dena den, trantsizio politiko guztiek ez dituzte, hertsiki, justizia trantsizionaleko

mekanismoak txertatu, eta erabili direnean ere, desadostasunak eta eztabaidak sortu dira. Azterketa batzuek mekanismo horiek haustura sakoneko gizarteetako mendeku-zikloak apurtzen eta bizikidetza bultzatzen laguntzeko duten ahalmena azpimarratzen dute (Helmick eta Petersen, 2001). Beste batzuek, ordea, kritikatu izan dute negoziazio politikoari edo egonkortasun instituzionalari ematen zaien lehentasunak, egiaren eta biktimen erreparazioaren gainetik, urraketa larriak zehapenik gabe uzten dituela, eta, bide horretatik, zigorgabetasuna sendotzen eta aurretik zeuden botere-hierarkiak indartzen direla (Trouillot, 2000; Bentley, 2016). Horregatik, nazioarteko zuzenbideak debekatu egiten du gerra-krimenetan, gizateriaren aurkako krimenetan edo giza eskubideen urraketa larrietan aplikatzea (Amnesty International, 2010). Beste ikuspegi batzuen arabera, ñabardura gehiago erantsita, justizia trantsizionala tokian tokiko errealitatera egokitutako mekanismo estrategikoen multzo bat izango litzateke, eta, kasurik onenean, haietatik oreka bat espero daiteke indarkeriarekin amaitzeko, egonkortasun politikoa lortzeko eta bizikidetza erdiesteko helburuen, eta, bestetik, egia, kontuak ematea eta biktimen eskubideak lehenesten dituzten justizia-moduen artean (Martínez Espinosa eta Morales Gómez, 2018). Nolanahi ere, justizia trantsizionala ez da eredu bakar batera mugatzen, testuinguru historiko, politiko eta sozial bakoitzera egokitzen baita, mekanismoen helburu formalen eta justizia penaleko sistemen negoziazioen edo mugen arabera. Horregatik, garrantzitsua da trantsizioko esperientzien eta politiken aniztasuna kontuan hartzea.

ESPERIENTZIA POLITIKO TRANTSIZIONALAK

Azken hamarkadetan, trantsizio politikoak eta halakoak kudeatzeko erabilitako tresnak askotarikoak izan dira. Europa Ekialdean, erregimen komunista desegin ondorengo trantsizioa batez ere prozesu judizialen eta garbiketa administratiboen bidez bideratu zen. Europako hegoaldean —Espainian, Portugalen edo Grezian, esate baterako, herrialde bakoitzeko diktaduraren ondoren— barkamen politikorako neurriak ezarri ziren, eta nahiko erraz integratu ziren

trantsizioaren kontakizun ofizialetan. Latinoamerikan, bestalde, sarritan eratu dira egiaren batzordeak —askotarikoak, irismenari eta legitimitateari dagokienez—, eta, horiekin batera, amnistia, indultuak eta prozesu judizial irekiak ixteko beste neurri batzuk ere erabili izan dira. Baina, oso sarritan, justizia trantsizionala mugatu eta giza eskubideen urraketa larriak zehapenik gabe utzi dira. Augusto Pinocheten kasuan, adibidez —Txileko presidentea izan zen 1973 eta 1990 bitarteko diktadura bortitzean—, atzerriko auzitegiak jurisdikzio unibertsalaren printzipioa[2] aplikatzen saiatu dira gizateriaren aurkako krimenak epaitzeko, estatuburu ohi gisa zuen immunitateari aurre eginez.

Egonkortasuna lortzera eta iragana ixtera bideratutako barkamen politikoko formula horiek ez bezala, 1990eko hamarkadan Hegoafrikako Egiaren eta Adiskidetzearen Batzordeak adituen arreta erakarri zuen, barkamena eta adiskidetzea azpimarratzeagatik eta justizia trantsizionaleko tresnak eta amnistia-neurriak konbinatzeko moduagatik, kaltearen egileei justiziari laguntzeko baldintza ezarri baitzien (Lefranc, 2004). Batzorde horren funtzionamendua *full disclosure* (erabateko gardentasuna) printzipioan oinarritu zen; printzipio horren arabera, gertaeren kontakizun egiazkoa, publikoa, indibiduala eta osoa eskaintzen zutenei soilik ematen zitzaien amnistia. Formula horrek amnistia zekarren, baina ez gertatutakoa ahaztea: hutsegitea publikoki aitortu eta azaldu behar zen, baina ez zen nahitaezkoa damua adieraztea edo barkamena esplizituki eskatzea. Barkamen politikoa biktimen barkamenarekin batera etor zitekeen —aitorpen publiko horietan parte hartzera gonbidatuta zeuden—, baina ez zegoen haren mende. Eredu horri egindako kritika nagusietako batek barkamenaren dimentsio instituzionala eta dimentsio pertsonala bereiztearen konplexutasuna azpimarratzen du, zaila baita barkamen politiko-kolektiboa eta barkamen moral-pertsonala bereiztea (Cassin, 2004; Krog, 1998).

2. Printzipio horrek babes zabala du Nazioarteko Zuzenbidean, eta biktimei justiziarako bidea bermatzen die, giza eskubideak larriki urratzen dituzten krimenen aurrean (terrorismoa, genozidioa, gizateriaren aurkako krimenak), batez ere beren herrialdeetan babesik aurkitzen ez dutenean. Hala ere, interes politikoek eta ekonomikoek asko ahuldu dute mekanismo hori.

Hegoafrikako kasuaz gain, azken hamarkadetan egiaren berrogeita hamar batzorde baino gehiago sortu dira mundu osoan. Adibidez, Sierra Leonan, Liberian, Gambian, Ekialdeko Timorren, Nepalen, Salomon uharteetan, Perun, Guatemalan eta Kolonbian. Kolonbiako Egia Argitzeko Batzordeak "Etorkizuna izango da, egiarik bada" goiburua hautatu zuen. Formulazio horrek Desmond Tuturen, Hegoafrikako *apartheid*aren garaian egin ziren giza eskubideen urraketak ikertu zituen Egiaren eta Adiskidetzearen Batzordeko burua izan zenaren, "Barkamenik gabe ez dago etorkizunik" leloa gogorarazten digu, baina aldaketa esanguratsu batekin. Kolonbiako Batzordearen agintaldia 2021ean amaitu zen arren, Kolonbiak oraindik indarrean du justizia trantsizionaleko sistema, Bakerako Jurisdikzio Bereziaren inguruan egituratuta, gatazkaren krimenak ikertzeko eta epaitzeko.

Kolonbiako Egiaren Batzordearen Helburuak	
Argitzea	**Aitortzea**
Gerran izan ziren indarkeria-egoera larrienak azaldu nahi ditu. Batzordeak ahalik eta biktima gehienei, lekukoei eta gertakarien arduradunei entzungo die. Ematen zaizkion lekukotzak eta kontakizunak beste iturri batzuekin kontrastatuko dira: artxiboak, dokumentuak, datu-baseak eta gertaera horiei buruzko informazio guztia, azalpen egiazkoak eta osoak lortzeko.	Gatazka armatuak biktimengan dituen eraginak eta haien erresistentziak aitortzea du helburu, bai eta gatazkan zuzenean edo zeharka parte hartu zutenek erantzukizunak aitortzea ere. Horretarako, "Egiaren Aldeko Topaketak" egingo ditu, hau da, aitortzarako ekitaldi pribatuak edo publikoak, gertatutakoa modu kolektiboan ulertzen laguntzeko.

Bizikidetza	Ez errepikatzea
Aurkakotasun sakonak izan dituzten talde eta pertsonen arteko espazioak eraiki nahi ditu, desadostasunak modu baketsuan konpontzeko bideak aurkitzeko. Batzordeak ahalegin horiek bultzatzen laguntzen du, konfiantza kolektiboa, eztabaida publiko osasuntsua, aniztasuna, elkartasuna, gizarte-ekitatea eta bizimodu ona areagotzeko balio duten heinean.	Gizarte osoak urte hauetan bizi izan duen indarkeriari buruzko azalpenak aurkitzea eta desadostasun politikoak konpontzeko beste modu bat ikastea da helburua. Egiara iritsiz gero, gerra nolakoa izan zen ulertu ahal izango da, eta gertatutakoa arbuiatzeko eta berriro ez gertatzeko bidea egingo da.

Iturria: Geuk egina. Datuen iturria https://www.comisiondelaverdad.co/.

ARIKETA 4

Kolonbiako Egiaren Batzordearen lau helburuak irakurrita, nola urletzen duzu helburu bakoitzaren esanahia? Zein lotura dute elkarren artean?

Batzordeak berak Egiaren Aldeko Topaketei buruzko bideo batzuk egin ditu. Bideo horietan, Kolonbiako gatazka armatuan parte hartu zuten hainbat eragileren lekukotzak jasotzen dira (Estatuko Segurtasun Indarrak, paramilitarrak, gerrillariak, enpresaburu laguntzaileak, zerbitzari publikoak, etab.); horietan, aipatutako eragileek indarkeriazko ekintzetan (bortxazko desagerpenak, hilketak, bahiketak, sexu-indarkeria, ustelkeria, etab.) parte hartu zutela eta haietan erantzukizuna dutela aitortzen dute. Bideoak ikusi ondoren:

- Identifikatu lekukotza horiek nola laguntzen duten argitzeko, aitortzeko, ez errepikatzeko eta bizikidetzako helburuak lortzen.
- Helburu horiek lortzeko bidean, zer eginkizun ematen diote barkamena eskatzeari?

Bideorako esteka: https://n9.cl/3et95u.

Politika horietako gehienak testuinguru jakin batzuetan gauzatu dira, besteak beste, diktaduretan, *apartheid* erregimenetan edo barne-gatazka armatuetan. Trantsizio politikoko garaietako testuinguruen eta mekanismoen zerrenda heterogeneo horri demokrazian gertatutako motibazio politikoko indarkeria-kasuak ere gehitu beharko genizkioke, batez ere gizarte-babes esanguratsua duten indarkeria-motei lotutakoak. Politika trantsizionalen helburu dira errotutako indarkeriak direlako eta biktimak eta konplizitateak gizarteko hainbat sektoreren artean banatuta daudenez, gertatutakoa argitzeko, gogoratzeko, aitortzeko eta kaltea konpontzeko prozesu kolektibo bat behar dutelako. Horien artean daude Ipar Irlandako gatazka eta, zenbait alderditan, euskal gatazka (Etxeberria, 1999, 2018).

Ipar Irlandako gatazka irteera negoziatu baten bidez bideratu zen, Ostiral Santuko Akordioaren (1998) bidez, hain zuzen ere. Akordio horrek Ipar Irlanda Erresuma Batuaren barruan mantendu zuen, eta presoak askatzeko, herrialdea desmilitarizatzeko, polizia erreformatzeko eta Giza Eskubideen Europako Hitzarmena (1953) onartzeko neurriak ekarri zituen. Urte horretan bertan argitaratu zen *Gogoan izango ditugu* txostena, Kenneth Bloomfield-ek Ipar Irlandako Biktimei buruzko Batzorderako idatzitakoa. Ondorengo hamarkadetan, gatazkaren legatua kudeatzeko hainbat ekimen bultzatu ziren, hala nola biktimen gorpuzkiak aurkitzeko batzorde independentea (1999), iraganari buruzko kontsulta-taldea (2007) eta gatazkaren legatuari buruzko ikerketen unitatea edo Europako PEACE programak. Hala ere, zenbait egileren arabera, gabezia nabarmenak daude egiaren, justiziaren, erreparazioaren eta memoriaren arloetan, eta ez da ekimen nahikorik ez dagoelako, baizik eta, batez ere, askotariko ekimen horiek esparru koherente baten barruan egituratzeko gai izango den erakunde ofizialik ez dagoelako (Roales, 2025; Duffy, 2017). Ipar Irlandak ez zuen egiaren batzorde formalik eduki, eta justizia trantsizionalarekin lotu genitzakeen mekanismo askok kritikak jaso izan dituzte. Duela gutxi, *Legatu Mingotsa* txostenak (Norvegiako Giza Eskubideen Zentroa, 2024), estatuko zigorgabetasuna aztergai duenak, agerian uzten du kasu askotan Estatuak familien eta gobernuz kanpoko

erakundeen eskuetan utzi zuela egia argitzeko erantzukizuna eta, hortaz, ez zuela bere gain hartu zegokion erakunde-betebeharra. 2023an Adiskidetzeko eta informazioa berreskuratzeko batzorde independentea (ICRIR) sortu zuen legea onartzea ere kritikatu izan da iragana ixteko interes instituzionalari erantzuten diolako, biktimen egia eta justiziarako eskubidea mugatuta (Roales, 2025).

Euskadin, indarkeriaren amaiera ez zen egituratu irtenbide negoziatu baten bidez, eta, egoera batzuetan justizia trantsizionalaren zenbait mekanismo erabili izan badira ere, ezin da eredu horren adibide paradigmatikotzat hartu. Ipar Irlandako gatazkan, hainbat talde armatu elkarren aurka aritu ziren; talde horiek erro sakoneko oinarri sozial eta komunitarioak zituzten, eta bi identitate ideologiko eta erlijioso izan ziren aurrez aurre, lurraldeari dagokionez ere, guztiz bananduta. Euskal gatazka, ordea, funtsean talde terrorista bakar baten inguruan egituratu zen, ETAren inguruan, eta talde horrek Estatuaren eta bere proiektu politiko independentistaren etsaitzat jotzen zituenen kontra aritu zen. Beste indarkeria batzuk egon ziren arren (ultraeskuineko taldeak, GAL eta indarkeria poliziala eta parapoliziala), horiek askoz biktima gutxiago eragin zituzten (% 10), ibilbide laburragoa izan zuten (hamarkada bat baino zertxobait gehiago, ETAren bost hamarkaden aldean), eta gizarte-babes eskasa lortu zuten. Horregatik, Ipar Irlandako kasuarekin alderatuta, euskal gatazka ezin da deskribatu aurrez aurre dauden bi komunitateren arteko gatazka gisa (Rivera, 2019). Hala ere, horrek ez die beste indarkeriei larritasuna kentzen, alderantziz baizik. Izan ere, indarkeria horien eragina jasan zuten pertsonekin bidegabeak izateaz gainera, demokraziaren eta zuzenbidezko estatuaren aurkako eraso larria izan ziren, herritar guztien eskubideak eta askatasunak babestu behar zituztenen aldetik etorri baitziren (Castells eta Sáez de la Fuente, 2025). Gizartea, gero eta neurri handiagoan, indarkeriaren aurka azaldu zenean eta negoziazioek porrot egin zutenean, erakundeen erantzuna ETA desegitera eta egindako delituak epaitzera bideratutako neurri polizial eta judizialetan oinarritu zen nagusiki. Norabide horrek azaltzen du zergatik kontzentratu zen eztabaida politikoa eta hedabideetakoa batez ere espetxe-politikan, presoen

hurbilketa, zigorren iraupena eta zigorren aplikazioaren malgutasuna ere barne hartuta.

Hala ere, eta Nazio Batuen Erakundearen definizioa kontuan hartuta, euskal kasuan justizia trantsizionaleko zenbait politika eta ekimen aipa ditzakegu, biktimei eta gizarteari bidegabeki eragindako kaltea materialki edo sinbolikoki erreparatzea bilatu izan baita. Arlo juridikoan, honako lege hauek nabarmentzen dira: Espainiakoen artean, Terrorismoaren Biktimekiko Elkartasun Legea (1999) eta Terrorismoaren Biktimei Aitorpena eta Babes Integrala emateko Legea (2011); Euskal Autonomia Erkidegokoen artean, Biktimei Errekonozimendua eta Erreparazioa emateko Legea (2008) eta motibazio politikoko indarkeriaren testuinguruan, Giza Eskubideen Urraketak jasan dituzten Biktimei Errekonozimendua eta Erreparazioa emateko Legea (2016). Iraganari buruzko memoria kritikoa berreskuratzeko eta zaintzeko, *Gogora*, Memoriaren, Bizikidetzaren eta Giza Eskubideen Euskal Institutua (2014) eta Terrorismoaren Biktimen Oroimenezko Zentroa (2021) sortu ziren. Indarkeriari legitimitatea kentzeko, Eusko Jaurlaritzaren ekimenez eta hainbat gizarte-erakunderekin lankidetzan, biktima hezitzaileen programak sortu ziren, horien artean, Adi-adian eta Gizalegez, gaur egun oraindik ere indarrean daudenak. Programa horiei esker, biktimek beren lekukotza azaltzen dute eskoletako eta unibertsitateetako geletan. Azkenik, erakunde publikoek eta gizarte-erakundeek elkarlanean jardun zuten, besteak beste askotariko biktimagileen biktimen arteko topaketak bideratzeko, elkarri aitorpena egin eta jasan zuten biktimizazio bidegabearen ezaugarri komunak identifikatu ahal izateko (Glencree ekimena).

JUSTIZIA ERRESTAURATIBOA

Azken hamarkadetan, zalantzan jarri da zigor-arloko justiziaren, arau-hauslea eta zigorraren ezarpena ardatz dituenaren, irismena, eta hura berraztertu behar dela diote aditu batzuek, delituek eragindako kalteari erantzuteko beste modu batzuk ere kontuan hartzeko. Testuinguru horretan kokatzen da justizia

errestauratiboa. Justizia trantsizionalak egiten duen bezala, justizia errestauratiboak biktimagilearen egoerari ez ezik, biktimari eta komunitateari ere arreta eskaini nahi die, kaltea erreparatzea, biktimagileak erantzukizuna bere gain hartzea, eta hautsitako gizarte-loturak berrezartzea ahalbidetzeko. Baina eredu errestauratiboa, batez ere, biktimaren eta biktimagilearen arteko harremanean oinarritzen da, gizarte-mailan baino gehiago. Praktikan, justizia errestauratiboko prozesuak topaketa egituratuetan gauzatzen dira. Haietan, biktimak eta biktimagileak modu seguruan eta bitartekariek lagunduta hitz egin dezakete biktimizazio-prozesuei buruz, biktimagileak horiek eragiteko izan zituen arrazoiei buruz, eta izan zituzten ondorioei buruz. Askotan, elkarrizketa gidatzen duen eta alde guztien eskubideak eta duintasuna errespetatzen direla bermatzen duen bideratzaile trebatu baten presentzian egiten dira. Topaketa horiek erreparazio material edo sinbolikoko akordioak ere har ditzakete, eta kaltea aitortzea eta delituak hondatutako harremanak berreraikitzea dute helburu. Justizia errestauratiboa eta justizia trantsizionala testuinguru independenteetan garatzeko joera dagoen arren, lehena prozesu trantsizionaletan ere erabil daiteke, zigor-mekanismoak osatzeko eta biktimagileen erantzukizuna zehapen formalak ezartzearen mende bakarrik ez gelditzeko.

Justizia errestauratiboaz hitz egiten denean, haren helburu nagusia barkamena sustatzea dela pentsatu ohi da. Aitzitik, adituek ohartarazi dute ideia hori ez dela zuzena, praktika horien zentzua desitxuratu dezakeelako (Zehr, 2002: 8; Greiff, 2008; Bessone, 2025). Justizia errestauratiboaren ardatza kaltea aitortzea, biktimagileak erantzukizuna bere gain hartzea eta biktimen beharrei erantzutea da. Horregatik, barkamen-prozesurik sortzen bada, borondatez sortuko da, eta ez arauzko eskakizun gisa. Horrek ez du esan nahi barkamena eta justizia errestauratiboko prozesuak bateraezinak direnik. Praktikan, biktima, biktimagile eta komunitate askok beren erreparazio-prozesuen eta bizikidetza berreraikitzeko prozesuen barruan bizi dute barkamena. Testuinguru horretan, garrantzi berezia hartzen du euskal topaketa errestauratiboen esperientziak.

TAULA 1

JUSTIZIA-EREDUEN EZAUGARRIAK

EREDUA	HELBURU NAGUSIA	EZAUGARRIAK	BIKTIMAREN ETA BIKTIMAGILEAREN LEKUA	BARKAMENA
Zigor-arloko justizia konbentzionala (lege-maila)	Proportzionaltasuna eta legearen aurreko berdintasuna ziurtatuz zigortzea; gizarte-ordenari eustea; berreziketa eta gizarteratzea.	Delituarekiko zigor proportzionala; delitua, Estatuari egindako ofentsa gisa.	Biktima: bigarren mailako protagonista; lekuko gisa bakarrik jokatzen du. Biktimagilea: protagonista nagusia; zigor-prozesuaren erdigunea.	Garrantzi mugatua, eta kasu jakin batzuetan bakarrik, espetxe-onurak lortzeko nahitaezko baldintza gisa.
Justizia trantsizionala (gizarte-maila)	Demokraziarako trantsizioa, indarkeriaren amaiera eta bizikidetza erraztea; kontuak ematea eta gizartea berreraikitzea orekatzea. Zutabeak: egia, justizia, erreparazioa eta ez errepikatzea.	Zigor-arloko justiziaren osagarri. Indarkeria masiboko gizarte-testuinguruetan aplikatua. Neurri juridikoak, politikoak eta sozialak konbinatzen ditu.	Biktima: Ahotsa berreskuratzen du. Biktima eta biktimagilea: egiaren batzordeetan eta biktimei aitortza eta erreparazioa emateko beste prozesu batzuetan parte hartzea.	Ez da helburu nagusi bat, baina modu instituzionalean agertu daiteke barkamen politiko gisa (amnistiak, indultuak) edo pertsonen arteko barkamen gisa, egiaren batzordeetan edo aitorpenerako eta erreparaziorako beste tresna batzuetan.
Justizia errestauratiboa (pertsonen arteko maila)	Biktimei bidegabeki eragindako kaltearen aitorpena eta erreparazioa eta biktimagileak erantzukizunak bere gain hartzea sustatzea, eta gizarte-loturak berreraikitzen laguntzea.	Zigor-arloko justiziaren osagarri. Pertsonen arteko harremanetan eta harreman komunitarioetan izandako kaltea jartzen du erdigunean.	Biktima eta biktimagilea: modu aktiboan parte hartzen dute pertsonen arteko elkarrizketa-prozesuetan. Horietan, biktimaren esperientziak hartzen du protagonismoa, eta biktimagileak haren aurrean aitortzen du bere erantzukizuna.	Ez da helburu nagusia, baina biktimaren eta biktimagilearen arteko elkarrizketan sor daiteke, borondatez eta doan.

Iturria: Geuk egina.

3. BARKAMENA EUSKAL GATAZKAN

ETAren indarkeriak iraun duen bitartean eta desegin zenetik igaro den denboran, barkamenaren auziak askotariko esparru juridikoak, diskurtso politikoak eta jardunbide sozialak izan ditu. Atal honetan, barkamena formulatzeko, erabiltzeko eta eztabaidatzeko erabili diren moduak aztertuko ditugu, eta testuinguru historiko jakinetan izan duen zentzua eta funtzioak zehaztuko ditugu: amnistia gisa, eskakizun moral gisa, eskakizun juridiko gisa, esperientzia errestauratibo gisa edo aitortza-keinu publiko gisa.

AMNISTIAREN LEHEN POLITIKAK ETA MILITANTE BATZUEK ETA UZTEA

Erakundeak 1959an hasi zuen bere jarduera, erregimen frankistaren garaian. 1977ko Amnistia Legea frankismoan eta Trantsizioaren zati batean (1977ko urrira arte) egindako "asmo politikoko ekintza guztiak" barkatzeko diseinatu zen, eta horrek Estatuaren aparatuek egindako krimenak eta erakunde armatuek egindakoak hartzen zituen barne. ETA neurri horren onuradunetako bat izan zen. Militante batzuek amnistiari heltzea eta bide armatua uztea erabaki zuten; beste fakzio batek, berriz, indarkeriazko borrokan jarraitu zuen demokrazia ezarri ondoren

ere, eta ekintzak areagotu eta helburuak zabaldu zituen. Euskal gatazkari dagokionez, amnistia hori izan liteke barkamen politikoaz hitz egiteko lehen esparrua. Iragana ahaztera bideratutako itxiera-logikek baldintzatutako barkamena izan zenez, ez zuen eragindako kalteari buruzko hausnarketarik ekarri, eta ez zen biktimei eskubideak aitortzeko mekanismorik aurreikusi. Javier Ybarrak, ETAk 1977an bahitu eta hil zuen izen bereko enpresaburu eta politikariaren semeak, aldi horri buruz ari zela, honakoa adierazi zuen: "erabaki hori —hiltzaileei barkatzea eta kartzelatik ateratzeko baimena ematea— *gaizkia saritzea* iruditu zitzaidan [...]; espainiarrek benetako askatasun- eta demokrazia-festa bizi zuten bitartean, gure tragedia bakardadean eta isiltasunean bizi genuen guk" (cfr. Buesa, 2006: 11-12). Frankismoaren eta terrorismoaren biktima askoren ikuspegitik, amnistia legearen bidez instituzionalizatutako barkamenak krimen lazgarrien zigorgabetasuna zekarren eta, are gehiago, krimen horien egileak saritzen zituen.

ETAko kide batzuek erakundea utzi zuten, eta keinu indibidual horiek haustura sakonak ekarri zituzten erakundearen barruan eta haren inguru hurbilean, indarkeriari uko egiteari buruz. Erakundea uztea traizio politikotzat hartzen zen, erakundearen ekintzak, indarkeriaren zilegitasuna eta eragindako kaltearen "justizia" zalantzan jartzea zekarrelako. Dolores González Catarain, "Yoyes" izenez ezaguna, ETAren buruzagitzara iritsi zen lehen emakumea izan zen, eta erakundea utzi zuen buruzagietako lehena, 1977ko amnistiaren babesean (Sáez de la Fuente eta Maqueda, 2024). Berak behin eta berriz esan zuenez, ez zuen indarkeriarekiko inolako atxikimendu- edo ukazio-adierazpenik egin behar izan. "Ez dut indulturik eskatu behar, gaur egun ez dago nire aurkako kargurik, Hego Euskal Herrira itzul naiteke 77ko amnistiari esker, ezer sinatu gabe eta jendaurrean inolako adierazpenik egin behar izan gabe" (cfr. Unzueta, 2016: 177). Hala ere, haren hilketak erakusten du nola zigortu zuen ETAk Yoyesen erabakia, militantearen identitatea eta taldearen proiektu politikoa zalantzan jartzen zituen hausturatzat interpretatu baitzuen. Hala adierazi zuen Tasio Erkiziak, ezker abertzaleko buruzagietako

batek: "Erakundea publikoki uztea etsaiarekin kolaboratzea da" (cfr. Sáez de la Fuente Aldama, 2002: 174).

Yoyesen kasua ezin da gertaera isolatu gisa irakurri, ezin da bereizi urte haietako testuinguru politiko konplexutik. 1983an, ETA politiko-militarra (ETA-pm) desegin ondoren (Sáez de la Fuente eta Bermúdez, 2025), birgizarteratze-proiektu bat diseinatu zen; horren arabera, birgizarteratze-bidean jarri nahi zuen presoak berariaz ukatu behar zuen indarkeriaren zilegitasuna. Hasiera batean, batez ere ETA-pm-ko kideek egin zuten bat neurri horiekin, baina baita ETA militarreko (ETA-m) eta Komando Autonomoetako kide batzuek ere (Fernández Soldevilla, 2010). Aurrerago, Frantziako eta Espainiako polizia-agintarien adostasunarekin, eskaintza Frantzian zeuden ETAko presoei ere zabaldu zitzaien.

DAMU- ETA BARKAMEN-ADIERAZPEN PUBLIKO EZTABAIDAGARRIAK

ETAko kide ohien banakako damu-adierazpena izan da barkamena ikusarazteko bide nagusietako bat. Hala ere, adierazpen horietan agerikoa izan da, hasiera-hasieratik, diskurtsoaren anbibalentzia: "damutuak" terminoak berak mespretxu-kutsua du, gehiago lotzen baita traidore politikoaren figurarekin eraldaketa moraleko prozesu batekin baino. Hori izan da terminoa baztertzeko arrazoia, baita indarkeriarekin kritikoak diren kide ohien aldetik ere (Terradillos, 2016). Hala eta guztiz ere, militante ohi horietako batzuentzat, eragindako mina publikoki aitortzea erantzukizunak bere egiteko, indarkeriazko iraganetik urruntzeko eta autonomia morala berreskuratzeko modu bat da. Biktima batzuek eta gizarteko zenbait sektorek keinu horiek bidegabe eragindako sufrimenduaren aitorpenean bizikidetza iraunkorrerako beharrezko urrats gisa interpretatzen dituzte —edo, gutxienez, oso urrats adierazgarri gisa—.

Beste ikuspegi batzuk, ordea, kritikoak dira barkamen-eskaerak publikoki egitearekin. Batzuek adierazten dute eszenifikazio publikoa azpimarratzeak gehiago erantzun diezaiokeela logika instrumental bati, biktimarentzat benetan erreparatzailea den keinu

bati baino. Bestalde, barkamena gehiegi azpimarratzeak zigorgabetasuna bultza dezakeela ohartarazten da, baldin eta, neurri batean edo osorik, oraindik nork egin dituen jakina ez den atentatuen egia argitzeko benetako konpromisoarekin batera ez badoa, oraindik irekita dauden edo beste inplikatu batzuen kolaborazioaren mende dauden kasuetan bereziki. Consuelo Ordóñezek, Covite-Terrorismoaren Biktimen Kolektiboko presidenteak, honako hau adierazi zuen: "Biktimei eskatzen zaigu iraganeko mina gainditzeko, bizikidetza idealizatu baten mesedetan, zigorgabetasunaren zifra beldurgarri horiek onartzera iristeraino, edo hiltzaileekiko eskuzabalak izateko, haiei damua agertzeko eskatu ere egin gabe" (cfr. Europa Press, 2024); "Niretzat, ordea, errestaurazioa haiek egin dutenagatik benetan mina sentitzea da, mundu horri ospea kentzen laguntzea eta hiltzera ateratzen ziren garai haietaz dakiten guztia kontatzea" (cfr. Caballero, 2021).

Barkamena beti eztabaida publikoan egon bazen ere, 2000. urteaz geroztik hasi zen modu argiagoan gauzatzen, bereziki funtsezko bi esparrutan. Alde batetik, 2003an, Zigor Kodean sartu zen, zigorrak murrizteko baldintza gisa. Horrek ordura arte ikusi gabeko dimentsio juridiko bat eman zion, barkamen-eskaera espetxe-onurekin lotu baitzuen. Bestetik, barkamenak garrantzia hartu zuen 2011z geroztik sustatu diren topaketa errestauratiboetan; biktimek eta biktimagileek topaketa horietan parte hartu dute, esparru judizialetik kanpo, aitortzeko eta erreparatzeko beste modu batzuen alde eginez. Bataren eta bestearen logikak desberdinak badira ere, bi esparruek barkamena formalizatzea ekarri zuten, neurri batean, eta bide instituzionalak edo praktikoak ireki zizkioten. Eremu juridiko-penalaren eta eremu errestauratiboaren arteko elkarreragina funtsezkoa da euskal gatazkan orain arte barkamenaren kudeaketa nola egituratu den ulertzeko.

ZIGOR KODEAREN ALDAKETA: BARKAMENA ESKATZEKO BALDINTZA

2003an, zigorrak osorik eta benetan betetzeko erreforma-neurriei buruzko Lege Organikoa onartu zen Espainian, batez ere delitu

larriek, zehazki terrorismoarekin eta krimen antolatuarekin zerikusia dutenek, zigorrak osorik beteko zituztela bermatzeko. Legearen zioen azalpenaren arabera, erreforma horrek gizarteak delinkuentzia-modu larrienen aurrean eskatzen zuen babes handiagoari erantzuten zion. Aldi berean, aitortzen zuen delitugilearen birgizarteratzearen eta berreziketaren printzipioek zigorrak malgutasunez betetzea justifikatzen jarraitzen zutela, baina ohartarazten zuen malgutasunerako lege-mekanismoen erabilera oportunista edo instrumentala saihestu behar zela. Erreforma horretan, Zigor Kodearen hainbat artikulu aldatu ziren eta, horrela, espetxe-onurak eskuratzeko baldintzak gogortu ziren (Espainiako Aldizkari Ofizialaren 156. zk., 2003/07/01ekoa).

Hartutako neurri berrien artean, lehen aldiz sartu zen Espainiako legerian barkamena berariaz eskatzeko baldintza, espetxe-onura jakin batzuk lortzeko. Zigor Kodearen 90. artikuluak, baldintzapeko askatasunari buruzko atalean, honako hau ezartzen du:

> Era berean, pertsonak terrorismo-delituak egiteagatik kondenatuak izan badira [...]. Ulertuko da zigortuaren birgizarteratzeari buruzko iragarpena dagoela, zigortu horrek terrorismo-jardueraren helburuak eta bitartekoak bertan behera uzteko zeinu zalantzaezinak erakusten dituenean, eta, gainera, agintaritzarekin egitez elkarlanean aritu izan denean [...]. Hori egiaztatu ahal izango da, zigortuak bere delitu-jarduerei uko egiten diela, bai eta indarkeria bertan behera uzten duela ere, beren beregi aitortuz, eta delituen biktimei beren beregi barkamena eskatuz; egiazta daiteke, orobat, txosten teknikoen bidez, horiek frogatzen badute espetxeratuak benetan lotura guztiak hautsi dituela antolakunde terroristarekin [...].

Lege-testuak barkamena eskatzeko beharra modu generikoan aipatzen badu ere, praktikan auzitegiek zorroztasun handiz aplikatu dute baldintza hori. Alicia Gil legelariak (2021) adierazten duen bezala, ez da nahikoa eskaera aurkeztea: damua egiazkotzat jotzen ez bada edo helburu interesatuak lortu nahi direla susmatzen bada, ukatu egiten da espetxe-onurak jasotzeko aukera.

Auzitegi Nazionalaren jurisprudentziak azpimarratzen du barkamen-eskaerak zintzoa izan behar duela, biktima zehatzei zuzendu behar zaiela, eta eragindako kaltearen benetako aitorpenarekin batera joan behar duela, zigorra betetzea malgutu ahal izateko. Hala ere, 2022aren erdialdean, Auzitegi Nazionalak, kideak berritu ondoren, interpretazio-aldaketa garrantzitsu bat sartu zuen. Irteera-baimen arrunt bat ukatzearekin lotutako apelazio-errekurtso batean, De Prada epaile aurrerakoiak honako hau adierazi zuen:

> Espetxeratuak damututa dagoela eta biktimei barkamena eskatzen diela idatziz ez adieraztea ez da, inola ere, lege-eskakizun bat espetxe-baimenak lortzeko, eta une honetan idatzi horren bidez eskura daitekeen informazio bakarra (eta ez da nahitaezko betebeharra) presoak espetxean bilakaera ona izan duela da, eta hori beste elementu batzuetatik ere ondoriozta daiteke (autoa 00345/2022; 2022ko ekainaren 3koa).

Auzitegi Nazionalaren irizpide-aldaketa horrekin ados dago Eusko Jaurlaritza. Hain zuzen ere, Jaurlaritzak Espetxeen eskumena hartu zuen 2021ean (Hernández, 2025). Espetxe-onurak lortzeko barkamena eskatzeak zalantzak sortzen ditu barkamen eskaerari eska dakiokeen benetakotasun-mailaren inguruan eta benetakotasun hori egiaztatzeko moduaren inguruan, manipulazio-saiakerak saihestu nahi badira. Gainera, barkamenaz eta damuaz egiten den erabilerari buruzko eztabaida zabaltzen du —nahiz eta "damua" ez agertu Zigor Kodearen aldaketan, behin eta berriz aipatzen da autoetan, bereziki barkamen-gutunei dagokienez—, eta hasiera batean logika errestauratiboari dagozkion hitzak zigor-logikara eramaten dira (Quintana Domínguez, 2026).

BARKAMEN-ESKAEREN ZINTZOTASUNA EGIAZTATZEKO ZAILTASUNAK

Zigor-arloan, barkamena edo damua adieraztea espetxe-onurak edo aringarriak ematea errazten duten faktoreetako bat izan ohi da, eta hobekuntzak eragiten ditu bai epaiaren aurreko eta bai ondorengo fasean. Hala ere, Zigor Kodearen 2003ko aldaketaz

geroztik, barkamen-adierazpen hori ez da borondatezkoa, eta nahitaezko baldintza bihurtu da, jarduera terrorista bertan behera uztearen "zeinu zalantzaezin" gisa aurkezten baita. Eta horrek arazo esanguratsuak dakartza.

Gema Varona kriminologoak (2017) adierazi du Espainiako araudiak barkamenaren —eta, hedaduraz, biktimaren eta biktimagilearen— ikuspegi utilitarista erabiltzen duela, eta, ikuspegi horretatik, barkamena gizabanakoak delitu-jarduera alde batera utzi izanaren froga gisa hartzen duela, beste edukirik eman gabe. Varonaren ustez, barkamena justizia errestauratiboaren printzipioen arabera egituratu beharko litzateke, borondatezkotasuna, biktimen zentraltasuna eta erantzukizuna onartzea kontuan hartuta, egilearengan, biktimarengan eta gizartean ondorio eraldatzaileak ahalbidetzeko. Era berean, Gilek (2021) barkamena baldintza gisa eskatzea kritikatu du, eta baldintza hori kentzea edo, gutxienez, ikuspegi errestauratibo batera egokitzea proposatu du. Haren ustez, araudiak eredu erretributibo bat islatzen du, zigorrak osorik betetzean oinarritzen dena, birgizarteratzearen helburua baztertuta. Barkamena sinesmen jakin batzuk albo batera utzi direla egiaztatzearekin lotzeak zigor-arloko justiziaren helburua, birgizarteratzea, barne-aldaketa bat frogatzeko zeregin zailera bideratzen du. Horrela, damuaren seinaleak bilatzeari ematen zaio lehentasuna, kondenatua berreraikitzearen aurretik, delituarekin loturarik ez duen eta berriz gizartean bizitzeko gai den pertsona izan dadin. Beste ikuspegi batzuen arabera, barkamena sistema juridikoan integratzeko zailtasunik handiena barkamen-eskaerak egiaztatu ezina da, eta, arrazoi horregatik, barkamen-eskaera ezin da izan barkamena eskatzen duenak bere uste sakonetan benetako aldaketa izan duela egiaztatzeko froga eztabaidaezina (Cassin, 2004).

Arazo hori larriagotu egin da gutun estandarizatuetara jo izan delako ("gutun-ereduak"). Gutun horiek damu-adierazpen orokorrak erabiltzen zituzten, ez zitzaizkien biktima zehatzei bideratzen, "barkamen" terminoa esplizituki erabiltzea saihesten zuten, eta homogeneotasun formal nabarmena zuten. Hori dela-eta, Euskal Preso Politikoen Kolektiboaren (EPPK) jarraibideekin bat zetozela susmatzen zen, kolektibo horrek 2013an

eman baitzien baimena kideei espetxe-onurak eskatzeko (Naiz, 2013). Beste kasu batzuetan, "gutun ekidistanteez" hitz egin da; izan ere, gertatutakoa deitoratzen bazuten ere, neutraltasun morala transmititzen zuten, eta, hortaz, ez zuten erantzukizunik beren gain hartzen. Bi kasu horiek agerian uzten dute damua eta barkamena nahitaezko errekerimendu judizial bihurtzeko zailtasunak daudela; horrela planteatuz gero, manipulatu egin daitezke, eta, beraz, ezin da bereizi haien erabilera instrumentala egiten den ala ez. Barkamena lege-baldintza bihurtzeak gizarteko tentsioak ere sortzen ditu. Alde batetik, biktimen kolektiboek salatu izan dute gutun batzuk iseka hutsa direla, eta zalantzarik gabeko damu-keinuak eskatzen dituzte. Bestetik, zenbait eragile politikok, horien artean Inés Soriak —Eusko Jaurlaritzaren aholkularia Espetxe Erakundeen arloan—, zalantzan jarri dute biktimei "fede-egintza" bat eskatzearen egokitasuna, hirugarren gradua eskuratzea barkamen-eskaerarekin lotzen baita (AVT, 2024). Testuinguru horretan, barkamenak hartu behar duen tokia zalantzazkoa da, ez baitu funtzionatzen ez froga juridiko gisa, ez berme moral gisa.

2024ko otsailean, *El Correo* egunkariak (Hernández, 2024) hirugarren gradua eskatzen zuten presoen sei gutunen zatiak argitaratu zituen, egileen izenak aipatu gabe, dokumentuak ez baitziren jendaurrean zabaltzekoak. "Eskuz" idatzitako gutunak dira, gaur egun eskatzen den bezala. Haietako hirutan soilik agertzen da esplizituki barkamen terminoa, nahiz eta guztiek egiten dieten erreferentzia biktimei, kasu gehienetan beren izenez aipatuz. Azkenean, egile guztiek lortu zuten hirugarren gradua.

ETAko presoen gutunak, hirugarren gradua eskatzeko

1. biktimagilea	2. biktimagilea
[…] Badakit nire damua ez dela inoiz nahikoa izango indarrez kendu nizkien bizitzak eta apurtu nituen bizi proiektuak berrezartzeko. Azken urte hauetan, ahaleginak egin ditut terrorismoaren biktimei ahal den neurrian erreparazioa egiteko, espresuki barkamena eskatuz, erantzukizun zibila ordainduz eta hiru topaketa errestauratibotan parte hartuz. […] Hemen eta orain, nire barkamen-eskaerarik zintzoena errepikatu nahi diet nik bidegabeki hil nituen pertsonen [hemen aipatzen ditu hildakoak eta zauritu oso larri bat] familiei eta senide guztiei; garai hartan, moralki itsututa nengoen, giza bizitza eta duintasuna edozein proiektu politikoren oso gainetik daudela konturatu gabe.	[…] Beti pentsatu izan dut barkamena, berez, erlijioen eremuari dagokiola, lege-eremuari baino gehiago. Hala ere, uste dut guztiz zilegi dela barkamena eskatzea, baldin eta horrekin arinagoa bada familia horrek kasu honetan jasan duen atsekabearen eta oinazearen zama. […] Hobe da portaera hori zuzentzeko asmoa eta gaizki egindakoa onartzea eskaera hutsa egitea baino, neure portaeraren bidez egiazta baitaiteke. Ibilbide zintzo eta egiaztatu honen ondoren, Xren familiari [izena aipatzen du] zuzendutako beren beregiko barkamen-eskaera honek, pertsona maite baten bizi-konpainia kendu diedalako, kontuan hartua izateko behar den sinesgarritasuna duela uste dut. Aurreko idazkietan adierazten nuen, beharrezkoa izango balitz, biktimekiko (zuzenekoak edo ez) edozein topaketatara joateko prest nagoela, haiek azaldu nahi didaten guztia entzutera. […] Haien aurrean [senitartekoak] "sentitzen dut" labur bat esateko bestelako indarrik ez dut. […] Nire bizitzan ehunka erabaki hartu ditut. Batzuez harro nago eta beste batzuez, izugarri penatuta. Sentimendu hori dut pentsatzen dudanean nire erabakietako baten ondorioz min barkaezina eragin niola Xren familiari [biktima aipatzen du]. Ez da erraza izan eta ez da erraza izango horrelako zamarekin jarraitzea.

Iturria: Hernández (2024).

ARIKETA 5

- Zer iradokitzen dizute bi gutun horiek?
- Zer erreakzio eragiten dizute, biktimengan pentsatzen baduzu? Eta biktimagileengan pentsatzen baduzu?
- Bi pertsona horiek nola ulertzen dute barkamena? Haiekin ados zaude ala ez? Zergatik?

BIKTIMEI ZUZENDUTAKO BARKAMENA

Barkamenaren erabilera horren beste alderdi problematiko bat biktimen lekuari dagokio. 2003ko Zigor Kodearen arabera, delituaren biktimei eskatu behar zaie berariaz barkamena, eta horrek esan nahi du ez dela nahikoa biktimei erreferentzia orokor bat egitea. Hain zuzen ere, lausotasun hori izan da kaltetutako pertsonak argi identifikatzen ez dituzten eskaerak baztertzeko arrazoia, eta kritika esanguratsuak ere eragin ditu.

Alde batetik, biktimen eskubideei buruzko alderdi juridiko eta araudi berriak kontuan hartuta, bereziki Biktimaren Estatutua (2015), espezialista batzuek adierazi dute inolako xedapenek ez duela behartzen biktimei barkamen-eskaeren berri ematera. Badirudi hutsune horri aurre egin nahi diola Eusko Jaurlaritzak, eta biktimei eskaera horien berri emateko aukera aztertzeko konpromisoa hartu du (AVT, 2024). Ekintza-ildo hori bat dator Auzitegi Nazionaleko Fiskaltzak adierazitakoarekin; haren iritziz, "arazo hori konpondu egin behar da, biktimarengana iristen ez den barkamen-eskaera erdizka geratzen den eskaera delako" (EFE, 2024).

Biktimei eragiten dien beste inplikazio bat ere kontuan hartu behar da. Varonak (2009) dioenez, biktima jakin batzuei zuzendutako barkamen-eskaerek, biktima horiek iritzia emateko aukerarik ez badute, "bigarren mailako biktimizazioa" sor dezakete, hau da, erantzun instituzionaleko edo sozialeko jardunbideek kaltea eragin dezakete, biktima ikusezin bihurtzen, mugatzen edo erantzule egiten baitute, haren agentzia eta erantzuteko gaitasuna ez dituztelako kontuan hartzen. Kritika horrek agerian uzten du

barkamenaren izaera erlazionala. Horrek esan nahi du, norberak bere kabuz adieraz badezake ere, kaltetuak izan diren pertsonak inplikatzen dituela, zuzenean edo zeharka. Pertsona horiei erantzuteko aukera ematea baztertzen bada edo kontuan hartzen ez bada, aditzera ematen da haien erantzunak ez duela garrantzirik. Orduan, zer zentzu du, hasiera batean behintzat, haren hartzaile izango den pertsonak jasotzeko edo onartzeko pentsatuta ez dagoen barkamen-eskari batek? Zigor-arloko barkamenari, araudian agertzen den bezala, ez zaio dimentsio erlazionalik aitortzen; aitzitik, keinu bat dela ulertzen da, eta haren esanahia hirugarren baten aurrean, alegia, erakundearen aurrean, eraikitzen da.

Ezaugarri horrek agerian uzten du zigor-arloko justiziaren barruan barkamenak duen izaera paradoxikoa. Arazoak sortzen ditu biktimagilearen aldaketaren adierazletzat hartzen denean ez ezik, baita biktimari zuzendutako erreparazio-prozesutzat hartzen denean ere. Teorian, ziurtzat jotzen da barkamenak erreparazio-funtzio hori betetzen duela, baina praktikan zaila da funtzio hori justizia arruntean txertatzea, zigor-prozedurak batez ere Estatuaren eta delitugilearen arteko harremanen modura diseinatuta baitaude, eta ez biktimei eragindako kaltea erreparatzeko mekanismo gisa.

Erreparazioaren alderdiak, batez ere moralak edo sinbolikoak, txertatzea hain zaila denez, sarritan esan ohi da barkamena ohiko zigor-arloko justiziaren espazio osagarrietan edo alternatiboetan garatu beharko litzatekeela. Ondorio horretara iritsi dira ETAren biktimekin egindako ikerketa zabalak ere: "justizia errestauratiboa, gaur egun ulertzen den bezala, biktimen eta biktimagileen interesei erantzuteko teoriarik koherenteena da, desenkusei eta barkamenari dagokienez" (Varona, 2017).

EUSKAL GATAZKAREKIN LOTUTAKO TOPAKETA ERRESTAURATIBOAK. ARLO PRIBATUTIK PUBLIKORA

2011. eta 2012. urteen artean, topaketa errestauratiboen ekimen aitzindari bat bideratu zen Espainian. Proposamena EPPKren

diziplina gogorretik aldendu zen preso-talde batek egin zuen. Preso horiek publikoki adierazi zuten egindakoaz damututa zeudela eta biktimei bidegabeki eragindako kaltea konpondu nahi zutela (Sáez de la Fuente Aldama eta Bermúdez Vélez, 2025). Ekimenak Eusko Jaurlaritzaren Terrorismoaren Biktimentzako Bulegoaren eta garai hartan Espainiako Gobernuaren eskumenekoa zen Espetxe Erakundeen laguntza izan zuen.

Guztira, auzibidetik kanpoko hamar topaketa baino gehiago egin ziren, eta presoek ez zuten espetxe-onurarik lortu haietan parte hartzeagatik. Topaketa bakoitza ETAko kide ohien eta kide horiek edo beste batzuek egindako krimenen biktimen edo senideen arteko banakako elkarrizketetan zetzan, elkarrizketa prestatzeaz eta errazteaz arduratuko zen bitartekari bat bertan zela. Barkamena programaren abiapuntua edo helburua ez bazen ere, horrek ez du esan nahi topaketa horietan agertu ez zenik. "Gerora horri buruz asko hitz egin den arren, komenigarria da azpimarratzea topaketa errestauratiboen helburu espezifikoa ez zela barkamena eskatzea edo barkatzea. Beste kontu bat da ekintza hori bi alderdien arteko elkarrizketan planteatzea eta benetan lortu nahi zen helburu bat izatea. Biktimagileentzat eta biktimentzat askatasun eta elkarrizketarako gune bat sortu nahi genuen, besterik ez ", adierazi du Txema Urkijok, topaketa horien sustatzaileetako batek (2020). Biktimagile batek, Luis María Carrascok, azpimarratu du, bere kasuan, topaketa horretan benetan jokoan zegoena barkaezintzat jotzen zuen zerbaitengatik barkamena eskatzeko aukera zela:

> Guztiz gaitzesgarria eta kondenagarria zen krimen baten errudun izanik, ziur nengoen epaia ere —oraingoan, etikaren aldetikoa— gupidagabea izango zela. Helburu bakar batekin joan nintzen: berari eta nire erruz hainbeste sufritu zuten guztiei barkatzeko eskatzea. Barkatu, bidegabekeria handi bat egin nuelako [...]. Minutu gutxi barru azalduko zen bera, nire aurrean eseriko zen. Eta nik bere presentziari aurre egin beharko nion, lotsatuta eta damututa [...]. Goiz hartan, krimen barkaezin batengatik barkamena eskatzekotan nintzen (cfr. Pascual Rodríguez *et al.*, 2015: 284).

Aitzitik, barkamen-eskaera horren hartzaile izan behar zuen pertsonak, Maixabel Lasak —Juan Mari Jauregui ETAk 2000. urtean hil zuenaren alarguna eta Eusko Jaurlaritzaren Terrorismoaren Biktimei Laguntzeko Bulegoko zuzendaria 2001etik 2012ra bitartean—, ez du topaketa horren eta bere irismen errestauratiboaren ardatza barkamen-ekintzan jartzen, baizik eta biktimagileak egindako prozesua aitortzean eta esperientziaren banakako eta gizarteko ondorioetan. "Nire ustez, topaketa horiek, maila indibidualean, kaltetutako pertsonak sendatzeko eta erreparatzeko balio behar dute, eta maila sozialean, gizarte bidezkoagoa eta seguruagoa eraikitzeko, iraganean bizi izandako indarkeria etorkizunean berriro ez sortzeko oinarriak jar daitezen" (11-12). Maixabelek behin baino gehiagotan azpimarratu du nahiago duela "bigarren aukeraz" hitz egin, eta ez barkamenaz, termino horrek dituen konnotazio erlijiosoengatik. Hala, maila zibikoan jarri nahi du arreta, esparru erlijiosoan barkamenaren keinuak adierazten duen absoluzio moralean jarri beharrean:

> Barkamena, niretzat, konnotazio erlijioso handia duen hitza da. Eta ni ez naiz erlijiosoa, agnostikoa baizik. Nire ustez, pertsona bati bigarren aukera bat emateak esan nahi duena esan nahi du, ez gehiago, ez gutxiago. Nik bigarren aukera bat eman nahi diet nirekin egotea eskatu eta ibilbide pertsonal bat egin dutenei. Agian norbaitek ez du hori ulertuko eta nola barkatu ahal izan dudan esanez mozorrotuko du. Baina hori baino zerbait handiagoa da hau, eta haien eta nire artean geratzen da (cfr. Zas, 2021).

Ez da bere konnotazio erlijiosoagatik barkamenaz hitz egiteari uko egiten dion biktima bakarra. Consuelo Ordóñezek ere honakoa esaten du: "Agnostikoa naiz, ez zait barkamenaz hitz egitea gustatzen, nahiago dut damua egiaztatzea" (cfr. Caballero, 2021). Gainera, Ordoñezek biktimagileak egin behar duen horretan jartzen du arreta, eta ez barkamenaren alderdi erlazionalean.

Bilera errestauratiboen programa 2011n eten zen, espetxe-politika aldatu egin baitzen José Luis Rodríguez Zapateroren exekutibo sozialista Mariano Rajoyren gobernu kontserbadoreak

ordezkatu zuenean. Barne Ministerioak sustatutako beste "topaketa konpontzaile" batzuk izan baziren ere, beste diseinu bati jarraitu zioten. Ekimenaren abiapuntua biktimak ziren (ez presoak), eta topaketak bideratzaile profesionalen aldez aurreko laguntzarik gabe garatu ziren. Esparru berri horretan, barkamenak, aurreko esperientzian ez bezala eta justizia errestauratiboaren printzipioei kontrajarrita, oinarrizko izaera zuen eta haren funtzioa legezko eskakizun bat betetzea zen. Hala jasotzen da legearen esparruan banakako birgizarteratzeko espetxe-politika garatzeko programaren justifikazioaren 5.2 puntuan:

> Indarrean dagoen legeriak, terrorismo-delituengatik zigortutakoentzat, biktimei barkamena eskatzeak dituen ondorio juridikoak aitortzen ditu [...]. Beraz, Espetxe Administrazioak prozedurak zehaztu behar ditu, hala nahi duten biktimek barkamena eskatzeko prest dauden zigortuen barkamen-eskaera jaso ahal izateko. Horretarako, lege-eskakizun hori betetzeko topaketak aurreikusten dira programan. Topaketa biktimak onartu behar du beti. Gainera, biktimak delituaren zuzeneko kalteduna edo haren gertuko hurbilenak izan behar du. Era berean, barkamena eskatzen duen zigortuak kaltea eragin duen delituaren egile materiala edo zuzeneko laguntzailea izan behar du.

Diseinu berri horrek kritika gogorrak jaso zituen lehen topaketa errestauratiboen sustatzaile eta parte-hartzaile batzuen aldetik, "Gogoeta bat beranduegi izan baino lehen" izeneko dokumentuan jasotzen den bezala.

Gogoeta bat beranduegi izan baino lehen

[...] topaketa errestauratiboetan parte hartzea ezin da izan justizia-administrazioaren eskakizun bat. Aitzitik, erabat askea eta borondatezkoa izan behar du parte hartzen duten aldeentzat. Gauza bera esan liteke barkamenaz, barkatzeko eskatzeaz eta barkamena emateaz ere; eremu pribatuan gelditzen den zerbait da, barne-barnekoa; eta, bereziki, biktimaren boterea eta pribilegioa. Ez du zerikusirik kategoria juridikoekin. [...]

Beraz, zenbait kontu argi utzi behar dira. Topaketa errestauratiboek ez dute zigorgabetasunik ekartzen, ez dute *a priori* ondoriorik kondenaren betearazpenean, ez dituzte Euskadiko bizikidetza-arazoak konpontzen, ez dira nahitaezkoak inorentzat, eta ez dute inor presionatzen; ez dute orokortzeko tresna masibo bat izan nahi; eta ezin dira politikoki erabili beste biktimagile batzuen aurka edo beste biktima batzuen aurka. Oso alderantziz, topaketa errestauratiboak [...] haietan parte har dezaketen eta parte hartu nahi duten pertsonentzat antolatzen dira eta haien zerbitzura jartzen dira, helburu guztiz pertsonal, barne-barneko, sakon, askatzaile eta sendatzaileekin, eta ez dute bilatzen parte hartu nahi izan duten pertsonen barneko eremutik haratago zabaltzea.

Azken batean, ezinbestekoa iruditzen zaigu Plan berria aplikatzearen ondorio kaltegarriei buruz ohartaraztea, ezagutzen diren elementu gutxi horietatik abiatuta. [...] Gure ustez, ezer onik ezin da atera Zaballako espetxean ostiral honetarako iragarri den topaketatik, topaketa hori praktika horretan sinesten ez duela argi eta garbi adierazi duen biktima batek[3] sustatu baitu, ustezko trama hori eraisteko asmoz, jatorrizko ekimenari hainbeste kalte egiten dion "erabateko gaurkotasun informatiboa"ari eutsiz. Zoritxarrez, topaketa hori egiteak kalteak eragingo ditu. Hitzorduaren baldintzak oso desegokiak dira ezer leheneratzeko edo konpontzeko. Parte-hartzaileentzat hain emaitza onak izan dituen topaketa errestauratiboen programa arrisku larrian jartzen ari dira. Are gehiago, beldur gara ez ote den zalantzan egongo orain arteko espetxe-politikaren aldeko apustua. Birgizarteratzean sinesten ez dutenak eta amnesiaren eta irtenbide kolektiboen aldekoak dira irribarre egiteko arrazoiak dituzten bakarrak.

Iturria: Urkijo, Arrese, García Arrizabalaga eta Etxebarria (2012).

Topaketa horiekin kritikoak diren biktimen artean, justiziarekin benetako lankidetzarik ez dagoen bitartean barkamena

3. Consuelo Ordóñezek eta Valentín Lasarte ETAko kide ohiak 2012an egindako topaketaz ari dira.

alferrikakoa dela eta distrakzioa ere izan daitekeela uste zutenak ere bazeuden. Honela zioen haietako batek:

> Gure buruak eta burmuinak nahastu egin nahi dituzte barkamenari eta damuari buruzko elkarrizketekin… Biktima guztiak benetan gauza bakarrak lasaitzen gaitu: egiaz gure senitartekoak nork hil zituen jakiteak eta hiltzaile horiek egin zituzten krimenen arabera kondenatuak eta zigortuak direla jakiteak (cfr. Martínez, 2012).

Beste biktima batzuek, ordea, beste galdera-mota batzuk egin izan dituzte barkamenaren igurikimenaren eta biktimagileekin egin zitekeen topaketaren inguruan. Aukera horren kontra edo alde azaltzea baino gehiago, ziurtasun eza eta egoera zehatz horri aurrea hartzeko zailtasuna azaltzen dituzte.

> Eta gutun bat jasotzen badut? Eta presoren batekin elkartzeko eskatzen badidate? Horrek aztoratu egiten nau eta halako ezinegon bat sortzen dit. Ez naiz gai esateko zer egingo nukeen egoera horietakoren bat planteatuko balitzait. Ez dut sentitzen barkamena eskatu behar didatenik ere. Baina batek daki azaldu berri dudan barne-barneko prozesu pertsonal honen bilakaeran etorkizunean beste modu batera erreakzionatuko ote dudan, egoera hori suertatzen bada (Buesa, 2019: 117).

Biktimetako eta biktimagileetako askok, bai eta prozesu horietan parte hartu zuten sustatzaileek eta bitartekariek ere, nabarmendu dute topaketak intimoak, pribatuak eta konfidentzialak izan direla; barkamenik egon den ala ez haien artean eta haientzat geratzen da, eta ez diote beste helbururik jarri. Hala ere, barkamena, izan eskatutakoa edo izan emandakoa, ez da beti eremu pribatuan eta sekretuan mantendu. Kasu batzuetan, biktimek eta biktimagileek beren bizipenen zati bat publikoki partekatzea erabaki zuten. Batzuek esperientzia ezagutarazteko egin zuten hori; beste batzuek, gainera, topaketa haiek maila pertsonalean izan zuten erreparaziorako potentziala erakutsi nahi izan zuten. Horietako batzuek adierazi zuten,

halaber, barkamen-keinu horiek erreparazio-funtzioa izan zezaketela gizarte osoarentzat, baita balio pedagogikoa eta indarkeriari legitimitatea kentzekoa ere. Adibidez, Luis Carrasco biktimagileak, barkamena eskatzea topaketaren motibazio nagusitzat hartzen zuenak, honako hau adierazi zuen: "pertsona horiekin topo egitea erakusgarria eta erabakigarria izan zen nire eraldaketa pertsonaleko prozesuan; mugarri bat izan zen" (cfr. Terradillos, 2016: 168).

Biktima batzuek, zuzeneko biktimagileekin elkartu gabe ere —eta, beraz, berariazko barkamen-eskaerarik gabe—, barkatzeko ekintza askatzailea dela nabarmendu dute. Hala adierazi izan du Carmen Hernándezek, ETAk 2000. urtean hil zuen Durangoko Alderdi Popularreko (PP) zinegotzi Jesús María Pedrosaren alargunak: "Egunero, kontzientzia-azterketa egiten dudanean, barkatzeko gai naizen galdetzen diot neure buruari. Oso zaila da barkatzea (batez ere, eskatu gabe), baina beharrezkoa dut. Barkamena ez da betebehar bat, ez da ahanztura, ez da nagusitasun moralaren adierazpen bat, eta ez da zuzenbideari uko egitea. Barkatzea ekintza askatzailea da. Barkatzea justiziatik haratago joatea da." (cfr. Bilbao Alberdi eta Sáez de la Fuente Aldama, 2023: 36).

Fernando Astarloa ETAko kide ohiarekin, erakundea utzi ondoren aske geratu zen lehen presoarekin, elkartu ondoren, honela zioen Iñaki García Arrizabalagak —Komando Autonomo Antikapitalistek 1980an hil zuten Juan Manuel García Corderoren semeak—: "Nik barkatu egin nion. Barkamenak agertoki berriak irekitzen ditu, iraganari sistematikoki begiratu beharrean, etorkizunerako apustua da, baina ez ditu iraganeko akatsak desagerrarazten". Eta hauxe gehitu zuen: "Ez dago indarkeriaren deslegitimazio handiagorik hura erabili duenak egiten duena baino" (cfr. Caballero, 2021). Ildo beretik, Maixabel Lasak ere adierazi du militante ohien adierazpenek "deslegitimizatzen dutela gehien indarkeriaren erabilera" (cfr. Caballero, 2021).

ETAko kide ohi batzuek gogoeta autokritikoak plazaratu zituzten, eta haietan erabilitako indarkeriaren bidegabekeria aitortu zuten, kasu askotan Langraiz Bidea izenekoarekin —2009an hasitako gizarteratzeko banakako espetxe-ibilbidea— bat egitearekin lotuta. ETAko ia 700 presoetatik hogeik baino ez zuten

bat egin programa horrekin. Zehazki, EPPKtik aldentzea, erantzukizunak bere gain hartzea eta egindako kaltea aitortzea eskatzen zien programak. Adierazpen askotan aipatzen zen barkamena, eskatu egiten zen, eta damua adierazten zen (Sáez de la Fuente eta Bermúdez, 2025).

Biktimagileen edo biktimen adierazpenez gainera –bereziki, topaketa errestauratiboen ondorioz, halako gehiago egin baitira erakundeetako bideetatik kanpo–, jendaurreko agerraldiak ere egin izan dira, eta horietan biktimek eta biktimagileek karga sinboliko handiko keinuak egin dituzte, lotura pertsonalak eta sozialak berreraikitzeko konpromisoa adieraziz. Lehen adibide publikoetako bat Joseba Goikoetxea ertzainari 2013ko azaroan egindako omenaldikoa da. Ekitaldi horretan, Carmen Gisasola —ETAko kide ohia, gerora topaketa errestauratiboetan parte hartu zuena—, Andoni Alza militante ohiak lagunduta, ertzainaren alargun Rosa Roderorengana hurbildu zen, eta besarkada bat eman zioten elkarri, kameren aurrean. Gisasolak adierazi zuen besarkada horretan "gure autokritikak biktimaren minarekin bat egin zuela" (cfr. Terradillos, 2016), eta baieztatu zuen biktimagileak bere gain hartutako erantzukizunak eta biktimaren sufrimenduak bat egin zezaketela jendaurreko aitorpen-keinu batean.

Sinbolismo handiko beste keinu bat 2014ko uztailean izan zen, Juan Mari Jaureguiri egindako omenaldian. Ibon Etxezarreta, atentatu horretan parte hartzeagatik zigortua, Burnikurutzeta mendiko ekitaldira joan zen 14 krabelineko sorta batekin (13 lore gorri eta zuri bat), hilketa gertatu zenetik igarotako urte bakoitzeko bat. Mendira igo aurretik, krabelin horiek Legorretan utzi zituen, Jauregiren omenez eraikitako monolitoaren aurrean. Maixabel Lasa alargunak aldez aurretik ekitaldira joateko baimena eman zion eta publiko egitea erabaki zuen, keinu hura Langraiz Bideak irekitako bidean aurrerapausotzat jotzen zuelako. Ondorengo adierazpenetan, Lasak azpimarratu zuen lore-sorta hura ez zela sinbolo oroigarri bat soilik, baizik eta mina aitortzeko eta gorrototik harago hurbiltzeko benetako borondatearen adierazpena.

Icíar Bollainek zuzendutako *Maixabel* (2021) filma ikustea gomendatzen da.

ETA 2011n amaitu eta 2018ko maiatzean erabat desegin bazen ere, ez ziren berehala iritsi erakunde horrek eta ezker abertzaleak barkamena eskatzeko eta egindako kaltea aitortzeko adierazpenak. ETA damu- eta barkamen-adierazpenen kontra behin eta berriz azaldu bada ere, 2018ko azken komunikatuan barkamen hitza erabili zuen eta barkamena eskatu zuen, modu mugatuan bada ere, soil-soilik, erakundearen formulazioaren arabera, "euskal gatazkan parte-hartze zuzenik izan ez zuten" biktimei eskatu baitzien barkamena. Zenbait sektorek pozik hartu zuten adierazpen hori, baina, era berean, ezinegon handia ere sortu zuen, "gatazkan parte hartu zuten" biktimek jasandako indarkeria merezi izan zutela iradokitzen baitzuen. 2021eko urrian, ezker abertzaleak, EH Bilduren bidez, adierazpen bat egin zuen Diputatuen Kongresuan, ETAk eragindako sufrimendua aitortzeko, eta azpimarratu zuen "inoiz gertatu behar ez zen mina" izan zela (Naiz, 2021). Hala ere, adierazpen horrek ez zuen aitortzen erakunde terroristak erabili zuen indarkeria legitimatu eta babesteko erantzukizun moral eta politikoa.

ARIKETA 6

- Berrikusi lehen jardueran barkamenak duen esanahiari buruz egin duzun gogoeta. Liburua irakurri ondoren, lehen inpresio horiek, neurri batean bada ere, alda ditzakeen zalantza, galdera, kezka eta abarrik sortu al zaizu? Zein?
- Alderatu zure ideiak zure familia- eta gizarte-inguruneko pertsonekin. Ezaugarri komunik aurkitzen al duzu? Eta desberdintasunik? Desadostasunik badago, zein dira eztabaidagai nagusiak?

ONDORIOAK: ZALANTZAZ BETETAKO LEKUA BARKAMENERAKO

Euskadin, barkamenaren inguruko ikuspegi kontrajarriak izan ditugu, eta horrek zaildu egiten du gizartean duen benetako papera eta potentziala ulertzea. Ikuspegi horietako baten arabera, barkatzea bizi izandakoari "amaiera ematea" da. Horrek arreta desbideratzen du hainbat prozesutatik, besteak beste bidegabe eragindako kaltea aitortzetik, egia bilatzetik edo justizia eskatzetik. Ikuspegi horretatik, barkamena biktimen sufrimendua ahanzturara eramaten duen tresna gisa agertzen da, eta barkatzeko ekintza bera ahuleziaren edo terroristekiko eta haien ingurune politikoarekiko konplizitatearen erakusle gisa ikusten da maiz. Barkamena eskatzea umiliazio publikotzat ere ikusi izan da, porrot sinbolikoaren, amore ematearen edo norberaren taldeari traizioa egitearen sinonimotzat hartu izan baita. Barkatzea, berriz, ez da ontzat ematen, eta, horrela, biktimen nagusitasun morala azpimarratzen da.

Hainbat unetan esan izan da biktimek barkatu egin beharko luketela eta biktimagileek barkamena eskatu beharko luketela, keinu horiek gizarteari iraganeko pisua arintzeko boterea izango balute bezala. Horren alde egin dute barkamena barkatzen duena nobletzen duen bertutetzat eta guztion onarekiko erantzukizun zibikotzat aurkezten duten baieztapenek. Ikuspegi horrek barkamena, konnotazio konplexuz betetako esperientzia, gizarte-kohesioaren zerbitzura dagoen tresna huts izatera mugatzen du.

Interpretazio murriztaile horien aurrean, liburu honetan azpimarratu nahi izan dugu barkatzeak ez duela eskatzen gertatutakoa ahaztea, kaltea eragin zuenarekiko harremana nahitaez berreskuratzea, ezta justiziari uko egitea ere. Era berean, barkatzea ez da bakerako ezinbesteko baldintza. Bizikidetza iraunkorra eraikitzeko, prozesu zabalagoak eta konplexuagoak behar dira (memoria, erreparazioa eta aitorpena, adibidez), eta haien barruan barkamena sar daiteke, edo ez.

Biktimen eta biktimagileen lekukotzek harremanak berreraikitzeko orduan barkamenak duen zereginari buruzko jarrera askotarikoak islatzen dituzte. Batzuentzat, barkamena erabakigarria da, baita eraldatzailea ere; beste batzuentzat, zigorgabetasun-modu bat da. Terrorismoak hildakoen senide batzuek diote ez dagokiela barkatzea; beste batzuek, berriz, terminoa bera desegokitzat jotzen dute, nahiz eta biktimagileak berriro gizarteratzearen alde egon, bizikidetza baketsu eta demokratikorako bidea dela uste baitute. Desadostasun horietako asko interpretazio moral, erlijioso edo ideologikoekin lotuta daude, baina baita barkamenak memorian duen gizarte-funtzioarekin, biktimen duintasunarekin eta bizikidetzarekin ere. Ikus daitekeenez, barkamenak ez du adostasun errazik sortzen; aitzitik, zalantzazko agertoki baten aurrean jartzen gaitu.

Beharbada, barkamena gehien mugatzen duen ezaugarrietako bat amaierako ekintza gisa ulertzea da: ziklo bat ixtea, zauri bat sendatzea, erresumin bat ezabatzea, gatazka bati amaiera ematea. Hala ere, tentu handiagoko azterketa batek, guk egin nahi izan dugunak esaterako, erakusten digu barkamenak ez duela ziurtasunik eta amaierarik bermatzen; promesa bat da, barkaezinaren aurrez aurre jartzen gaituen keinu bat, eta konfiantzaren adierazpen bat. Oroimenaren, justiziaren eta erreparazioaren bidez justifikaezina dena lantzeko aukera aitortzen duen gizarte batean, barkamenaz hitz egin daiteke betebehar edo bizikidetzarako baldintza izan gabe, giza harremanen ezaugarri den ziurgabetasun, aurreikusezintasun eta hutseginkortasun espazio horretatik baizik.

Kontua ez da, beraz, barkamena eman edo ez eman ebaztea —lortu ezin den ziurtasuna da hori—, baizik eta barkamena

gertatzeko aukera zabalik uztea, harremanak berreraikitzeko espazio zehaztugabe bati eutsiz. Agian, orduan, erronka ez da izango barkatzea zer den definitzea, ezta barkatzeko eskatzea ere, baizik eta espazio bat irekitzea, barkagaitzari bermerik gabe aurre egin ahal izateko, memorian eta justizian oinarrituta, gizakiak berezko duen hauskortasun horretan. Barkamenaren "leku" zalantzazko horretan, bizikidetzak eta adiskidetzeak aukera bat izango dute, ez amaiera ziur bat.

BIBLIOGRAFIA

ALLEN, Danielle (2000): *The World of Prometheus: The Politics of Punishing in Democratic Athens*, Princeton, Princeton University Press.

AMNESTY INTERNATIONAL (2000): *Comisionar la Justicia. Las comisiones de la verdad y la justicia penal*, London, Amnesty International Publication, https://n9.cl/w723p.

ARENDT, Hannah (2023): *La condición humana*, Bartzelona, Paidós [jatorrizko argitalpena: *The human condition*, Chicago, University of Chicago Press, 1958]

AUBRIOT, Danièle (1987): *Quelques réflexions sur le pardon en Grèce ancienne. Le pardon, Michel Perrin*, Paris, Beauchesne, 11-27.

AVT - TERRORISMOAREN BIKTIMEN ELKARTEA (2024): Terrorismoaren Biktimen Elkartearen X. Jardunaldia [bideoa], YouTube, https://n9.cl/tzxspv.

BENTLEY, Tom (2016): *Empires of Remorse: Narrative, Postcolonialism, and Apologies for Colonial Atrocities*, Abingdon, Routledge.

BESSONE, Magali (2025): "Le pardon, effet essentiellement secondaire de la justice réparatrice", *La justice pénale aux frontières du pardon*, Paris, Garnier, 197-216.

BILBAO ALBERDI, Galo eta SÁEZ DE LA FUENTE ALDAMA, Izaskun (2023): *Memorias de las víctimas. ¿Víctimas de la memoria?*, Madril, Los Libros de la Catarata.

BRONCANO, Fernando (2025): "Antes del perdón", *El laberinto de la identidad*, https://n9.cl/9kkdd.

BUESA, Marta (2019): "Reinserción: un reto para las víctimas", in A. Rivera eta E. Mateo (eds.), *Víctimas y política penitenciaria*, Madril, Los Libros de la Catarata.

BUESA, Mikel (2006): "Víctimas del terrorismo y política del perdón", *Cuadernos de pensamiento político*, 9-22, https://n9.cl/louooa.

CABALLERO, Álvaro (2021): "¿Es posible perdonar al asesino de tu padre? Diez años de los encuentros entre víctimas y presos de ETA", https://n9.cl/lclho.

CASSIN, Barbara (2004): "Amnistie et pardon: pour une ligne de partage entre éthique et politique", *Le Genre humain*, 43(2), 35-58, https://n9.cl/ooh9a.

CASTELLS, Manuel eta SÁEZ DE LA FUENTE, Izaskun (2025): *Guerra sucia y abusos de poder: la quiebra de los imperativos morales*, Madril, Los Libros de la Catarata.

DE GREIFF, Pablo (2008): *The Handbook of Reparations*, Oxford, Oxford University Press.

DE GROOT, Marlies *et al.* (2021): "Group-based shame, guilt, and regret across cultures", *European Journal of Social Psychology*, 51(7), 1198-1212, https://n9.cl/7phna.

DE WARREN, Nicolas (2014): "L'impardonnable chez Jankélévitch", *Archives de philosophie*, 77(3), 421-433, https://n9.cl/rz3pro.

DERRIDA, Jaques (2019, 2020): *Le parjure et le pardon*, I eta II, Paris, Galilée.

DUFFY, Aoife (2017): "Recuperación de la verdad tras los conflictos en Irlanda del Norte", in Roldán Jimeno (ed.), *Justicia transicional: historia y actualidad*, Zizur Txikia, Thomson Reuters Aranzadi, 403-428.

EFE (2024): "El Gobierno Vasco quiere hacer llegar a las víctimas peticiones de perdón de presos de ETA", https://n9.cl/dncftt.

Elster, Jon (2006): *Rendición de cuentas: la justicia transicional en perspectiva comparada*, Buenos Aires, Katz Editores.

Etxeberria, Xabier (1999): *Perspectiva política del perdón. El perdón en la vida pública*, Bilbo, Deustuko Unibertsitateko Argitalpen Zerbitzua.

— (2018): *El perdón y la reconciliación en la convivencia cívica*, Bartzelona, Institut Català Internacional per la Pau, https://n9.cl/5gnsh9.

Europa Press (2024): "Covite recuerda que la sociedad tiene 'una deuda infinita' con las víctimas de ETA", https://n9.cl/82ejq.

Fernández Soldevilla, Gaizka (2010): "Agur a las armas. EIA, Euskadiko Ezkerra y la disolución de ETA político-militar (1976-1985) ", *Sancho el Sabio*, 33, pp. 55-95.

Foucault, Michel (2014): *Subjectivité et verité*, París, Gallimard.

— (2018): *Les Aveux de la chair*, París, Gallimard.

Gil, Alicia (2021): "El requisito de 'petición expresa de perdón a las víctimas' ¿signo de la progresión personal en el proceso de resocialización?", *Revista General de Derecho Penal*, 35.

Griswold, Charles (2007): *Forgiveness: A Philosophical Exploration*, Cambridge, Cambridge University Press.

Hayner, Priscilla B. y Aylwin Azócar, Patricio (2010): *Verdades innombrables: el reto de las comisiones de la verdad*, Mexico City, Fondo de Cultura Económica.

Helmick, Raymond G. eta Petersen, Rodney (eds.) (2001): *Forgiveness & Reconciliation: Public Policy & Conflict Transformation*, West Conshohocken, PA, Templeton Press.

Hernández, Jesús (2024): "Las cartas de los presos de ETA para pedir el tercer grado", *El Correo*, otsailaren 11a, https://n9.cl/h4iami.

— (2025): "Los presos de ETA que no presenten una evolución no accederán al tercer grado", *El Correo*, abuztuaren 1a, https://n9.cl/oqaxp.

Jankélévitch, Vladimir (1999) : *El perdón*, Bartzelona, Seix Barral [jatorrizko argitalpena: *Le Pardon*, Paris, Aubier-Montaigne, 1967].

Konstan, David (2010): *Before Forgiveness: The Origins of a Moral Idea*, Cambridge, Cambridge University Press.

Krog, Antjie (1998): *Country of my skull: guilt, sorrow, and the limits of forgiveness in the new South Africa*, New York, Times Books.

Lefranc, Sandrine (2004): *Políticas del perdón*, Madril, Cátedra [jatorrizko argitalpena: *Politiques du pardon*, Paris, Presses Universitaires de France, 2002].

Loraux, Nicole (2008): *La ciudad dividida. El olvido en la memoria de Atenas*, Buenos Aires, Katz Editores [jatorrizko argitalpena: *La cité divisée. L'oubli dans la mémoire d'Athènes*, Paris, Payot, 1997].

Martínez, Isabel C. (2012): "Ordóñez a Lasarte: 'Se lo dije, quien te tendría que perdonar está muerto'", *El País*, ekainaren 22a, https://n9.cl/wv9ydp.

Martínez Espinosa, Luisa Fernanda eta Morales Gómez, Diana Marcela (2018): "El perdón en los procesos de justicia transicional. Las dos dimensiones es del perdón: El perdón interpersonal y el perdón de Estado", *Revista de Derecho, División de Ciencias Jurídicas de la Universidad del Norte*.

Murphy, Jeffrie G. (2003): "Christianity and Criminal Punishment", *Punishment & Society*, 5(3), 261-277, https://n9.cl/hzffj.

Murphy, Jeffrie G. y Hampton, Jean (1988): *Forgiveness and Mercy*, Cambridge, Cambridge University Press.

Naiz (2013): "Adierazpena", https://n9.cl/oz9vkw.

— (2021): "Declaración del Dieciocho de Octubre", https://n9.cl/nvg9s.

NBE - Nazio Batuen Erakundea (2004): "El Estado de derecho y la justicia de transición en las sociedades que sufren o han sufrido conflictos", Idazkari nagusiaren txostena, https://n9.cl/3am5n.

Norvegiako Giza Eskubideen Zentroa (2024): *Legado amargo*, https://n9.cl/5nkzl.

De Greiff, Pablo (2008): *The Handbook of Reparations*, Oxford, Oxford University Press.

Nussbaum, Martha (2018): *La ira y el perdón. Resentimiento, generosidad, justicia*, Mexico, Fondo de Cultura Económica [jatorrizko argitalpena: *Anger and Forgiveness. Resentment, Generosity, Justice*, Oxford, Oxford University Press, 2014].

Pascual Rodríguez, Esther (koord.) *et al.* (2015): *Los ojos del otro. Encuentros restaurativos entre víctimas y ex miembros de ETA*, Camargo, Editorial Salterrae.

Quintana Domínguez, Idoia (2026): "Forgiveness as a Legal Condition: A Study of the Uses of Forgiveness in the Basque Conflict", *Punishment & Society*, https://n9.cl/bgwf9.

Rivera, Antonio (ed.) (2019): *Nunca hubo dos bandos. Violencia política en el País Vasco, 1975-2011*, Granada, Comares.

Roales, Nagore (2025): "Irlanda del Norte y justicia transicional", *Deusto Journal of Human Rights*, https://n9.cl/4tmxyd.

Sáez de la Fuente Aldama, Izaskun (2002): *El movimiento de liberación vasco, una religión de sustitución*, Bilbo, Elizbarrutiko Teologia eta Pastoral Institutua.

Sáez de la Fuente Aldama, Izaskun eta Bermúdez Vélez, Ángela (2025): *ETA frente a su espejo: controversias sobre el uso de la violencia*, Madril, Los Libros de la Catarata.

Sáez de la Fuente Aldama, Izaskun eta Bilbao Alberdi, Galo (2020): *Por una (contra) cultura de la reconciliación*, Bartzelona, Cristianisme i Justícia.

Sáez de la Fuente, Izaskun eta Maqueda, Ayala (2024): *Patriarkatua eta motibazio politikoko indarkeriaren legitimazioa Euskadin*, Madril, Los Libros de la Catarata.

Terradillos, Ana (2016): *Vivir después de matar: los terroristas de ETA que dejaron las armas cuentan por primera vez su historia*, Madril, La Esfera de los Libros.

Trouillot, Michel-Rolph (2000): "Abortive rituals: Historical apologies in the global era", *Interventions: International Journal of Postcolonial Studies*, 2(2), 171-186, https://n9.cl/c4u61.

Tutu, Desmond (2018): *Sin perdón no hay futuro*, Madril, Hojas del Sur España [jatorrizko argitalpena: *No future without forgiveness*, New York, Doubleday, 1999].

Unzueta Kareaga, Humberto (2016): *Nanclares vis a vis. Cara a cara con la disidencia de ETA*, Donostia, Erein Argitaletxea.

Urkijo, Txema (2020): "Mi relato sobre los encuentros restaurativos", https://n9.cl/2z2ay.

Urkijo, Txema; Arrese, Jaime; García Arrizabalaga, Iñaki eta Etxebarria, Xabier (2012): "Una reflexión antes de que sea demasiado tarde" [archivo], https://n9.cl/pv8xgo.

Varona, Gema (2009): "Evolución jurisprudencial en la interpretación de diversos aspectos de la ejecución de sentencias condenatorias en materia de terrorismo de ETA", in J. L. de la Cuesta eta I. Muñagorri (eds.), *Aplicación de la normativa antiterrorista*, Donostia, Kriminologiaren Euskal Institutua, 61-151.

— (2017): "Apology and Spanish criminal law at the post-sentencing level: The gap between legal provisions and victims' and offenders' experiences in cases of terrorism", *Oñati Socio-Legal Series*, 7(3), 511-527, https://n9.cl/albami.

Zas Marcos, Mónica (2021): "Maixabel Lasa, víctima de ETA: 'Perdonar tiene una connotación religiosa y yo soy agnóstica'", *El Diario*, irailaren 27a, https://n9.cl/acyfqo.

Zehr, Howard (2002): *The Little Book of Restorative Justice*, Intercourse, PA, Good Books.

Zoodsma, Marieke eta Schaafsma, Juliette (2021): "Examining the 'age of apology': Insights from the Political Apology database", *Journal of Peace Research*, 59(3), 436-448, https://n9.cl/og26lu.